人力资源开发与薪酬绩效管理研究

庄滨华　赵强　著

延吉·延边大学出版社

图书在版编目（CIP）数据

人力资源开发与薪酬绩效管理研究 / 庄滨华，赵强
著 . -- 延吉：延边大学出版社，2023.11
ISBN 978-7-230-05896-4

Ⅰ . ①人… Ⅱ . ①庄… ②赵… Ⅲ . ①人力资源开发
②人力资源管理 Ⅳ . ① F241 ② F243

中国国家版本馆 CIP 数据核字（2023）第 216995 号

人力资源开发与薪酬绩效管理研究

著　　者：庄滨华　赵　强
责任编辑：史　雪
封面设计：文合文化
出版发行：延边大学出版社
社　　址：吉林省延吉市公园路 977 号　　　邮　编：133002
网　　址：http://www. ydcbs. com　　　E-mail：ydcbs@ydcbs. com
电　　话：0433-2732435　　　　　　　　传　真：0433-2732434
印　　刷：三河市嵩川印刷有限公司
开　　本：787 毫米 ×1092 毫米　　1/16
印　　张：12.25
字　　数：200 千字
版　　次：2023 年 11 月第 1 版
印　　次：2024 年 1 月第 1 次印刷
书　　号：ISBN 978-7-230-05896-4

定　　价：68.00 元

前　言

　　人类社会的存在和发展离不开自然资源和人力资源。随着知识经济时代的到来，资本、土地等传统资源要素的优势逐渐减弱，而人力资源要素的重要性越来越突出，人力资源的开发与管理逐渐成为知识经济时代下决定国家、政府、企业与经济发展的关键因素。面对知识经济的兴起和经济全球化后遇到的挑战，如何科学地进行人力资源开发与管理，充分发挥生产要素中最活跃、最主动的因素——人力资源的作用，是当前必须研究的课题，具有重要的现实意义。

　　在竞争激烈的人才（尤其是高级人才）市场环境中，科学的薪酬绩效管理体系是保证人力资源管理有效运行、人力资源得到优化配置的重要前提。科学的薪酬绩效管理体系能够激发员工的工作热情，让员工为企业创造更多的价值；而不科学的薪酬绩效管理体系不仅会制约企业人力资源管理工作的正常开展，还会打击员工的工作积极性。

　　本书全面阐述了人力资源开发的相关理论，并介绍了人力资源开发及员工培训的方法等。此外，本书还对薪酬管理体系的构建，薪酬管理的实施、调整及常用工具等展开了深入浅出、循序渐进的探讨。本书强调人力资源开发在帮助企业赢得竞争优势上的重要地位，强调薪酬管理在人力资源开发工作中的关键作用，充分吸收人力资源开发领域的最新研究成果及国家最新法律法规政策，紧跟当今著名企业的人才管理实践案例，内容上力求实用性、逻辑性、科学性相结合，适用于企业管理者与从事人力资源开发的专业人员。

CONTENTS 目录

第一章　人力资源开发的基本理论

作为企业的重要资源，人力资源越来越受到人们的认可和重视。如何科学地使用和开发人力资源已经成为现代企业发展和成功的关键。从实践角度看，人力资源开发的历史悠久，人类社会伊始就有了人力资源开发实践活动。而作为一门学科，人力资源开发的历史较短，是一门新兴学科。

第一节　人力资源开发的基本概述

一、人力资源开发概念的提出

企业人力资源开发活动被列入研究主题，最早出现于科学管理运动和工业心理学研究中。"科学管理之父"弗雷德里克·泰勒在其所著的《科学管理原理》)中，阐述了选拔与培训员工等问题。"工业心理学之父"孟斯特伯格在其1913年出版的《心理学与工业效率》中，从心理学的观点探讨公共部门的培训及选拔等问题。对培训或人力资源开发进行系统的研究，是从20世纪60年代开始的。麦格希与塞耶于1961年出版了《企业与工业中的培训》，该书系统地探讨了培训问题，许多现今仍在讨论的话题，该书都有涉及，如从组织分析、操作分析及个人分析等三个层面探讨培训需求等。

人力资源开发概念由美国学者哈毕逊和梅耶斯在 1964 年出版的《教育、人力和经济增长：人力资源开发战略》一书中首先提出。他们认为："人力资源开发是提高一个社会中所有人的知识、技能和能力的过程。"人力资源开发有多种方式，包括正规教育、在职培训、自我开发，通过更好的医疗和公共卫生计划改善工作人口的健康以及改善人们的营养状况等。从这个定义可以看出，哈毕逊和梅耶斯不是从微观或组织层面来解释人力资源开发的，而是从宏观层面来理解人力资源开发的，把人力资源开发看成人力资本投资。在当时的经济理论界，一些经济学家如舒尔茨和贝克尔等认为开发人力资源和对人力资本投资是经济增长的源泉。美国学者纳德勒于 20 世纪 60 年代从企业视角对人力资源开发概念进行界定，并将人力资源开发作为一个研究领域。从 20 世纪 80 年代起，企业界和人力资源管理研究者开始广泛接受"人力资源开发"这一学术术语，在此之前，人们一直使用"培训"或"培训与开发"等术语来代替。直到 1970 年纳德勒出版《人力资源开发》一书，人力资源开发的系统研究才真正开始。这本著作明确了人力资源开发的范畴，使得人力资源开发逐渐成为被人们所广泛接受的概念。同时，该书也奠定了组织人力资源开发的基础框架和分析模型。

二、人力资源开发的含义

对于"什么是人力资源开发"这一问题，国内外学者有不同的解释。最早提出人力资源开发概念的学者没有把人力资源开发局限于组织内部，而是从广义上界定了人力资源开发，即人力资源开发不但包括企业或组织中的培训，还包括各级正规教育、自我开发，以及改善人口健康的各种活动。哈毕逊和梅耶斯的人力资源开发理论以经济学理论或者说是以人力资本理论为基础，对企业或组织的培训理论影响比较小。

随着经济全球化的逐步深入，一些新近的研究将人力资源开发视为社会和国家发展的一种重要的手段，而并不再把它局限在组织的范围内。更重要的是，人们开始认为人力资源开发是一个全球性的课题，如认为人力资源开发是为提高工作绩效而开发成年人的知识、技能、生产力和满意度的活动或过程，这种活动或过程不仅有益于个人或团队，而且有益于组织、社区、国家，乃至于整个人类社会。

美国学者纳德勒是最早从组织角度来定义人力资源开发的学者之一，他认为人力资源开发是在一段特定时间内由雇主提供有组织的学习体验，其目的是改进员工绩效和为个人发展提供可能性。此后一些学者从不同角度对人力资源开发的概念进行了定义。琼斯认为人力资源开发是立足于组织和个人目标的实现而对劳动者的各种工作能力的系统性拓展；麦克拉根认为人力资源开发是综合利用培训与开发、职业生涯开发和组织开发等手段来提升个人和组织的绩效；沃金斯认为人力资源开发既是一个学术领域，又是一个实践领域，其功能是在个人、团队及组织层次培养长期的、与工作相关的学习能力；德西蒙等认为人力资源开发是由组织为其员工提供的一系列系统的、有计划的活动，使员工有机会学习必要的技能以满足当前和未来工作的需要；斯旺森认为人力资源开发是一个以提升绩效为目的，通过组织开发、员工培训与开发来培养和释放劳动者专业技能的过程。

通过上述研究成果，我们可以看出，组织中的人力资源开发是组织通过设计和实施各种学习计划，以达到提高组织绩效和促进员工个人发展的过程。

在人力资源开发中，学习是核心内容。人力资源开发中的学习主要是指由组织提供的正式学习活动或学习体验。通过各种学习活动，员工的知识、技能、能力或态度可以得到改进，员工的潜能得以开发。在当前的人力资源开发研究和实践领域，人力资源开发不只涉及个人层面的学习，还包括团队和组织层次的学习，以提高开发团队和组织的学习能力。目前，组织学习已经成为人力资源开发实践和研究的重要领域。此外，学习的形式也越来越多样化，既包括发生在工作场所中的各种正式和非正式学习，也包括发生在工作环境之外的知识和经验的传播过程。随着组织的虚拟化等趋势，企业的组织边界变得模糊，隐性知识的学习更加具有组织上的便利，学习活动更加多样化，学习范围大大扩展，学习速度也大大加快。

人力资源开发是指通过有计划地运用先进的理论和实践，使员工在其工作岗位上更有效率地工作。人力资源开发的目的有两个，一是提高组织绩效，二是促进员工的发展。这两个目的往往是一致的，组织内人力资源开发的根本目的是改进个人与组织绩效。人力资源开发研究通常认为绩效提升是人力资源开发实践存在的理由。正是由于人力资源开发兼具提高组织绩效和个人能力的目的，谁来承担开发成本就成为一个较为关键的问题。就实际情况而言，有的开发成本主要由组织来承担，有的主要由个人来承担，有的各自承担相应的比例，组织成员与组织会因此而签订相关的协议。

三、人力资源开发研究的范式

所谓范式，是指一门学科长期传承下来的、研究者共同遵守的内在一致性传统。研究者通常将人力资源开发的研究范式分为两种：学习范式和绩效范式。这两种范式是目前为止界定得最清楚的，也是在当今人力资源开发理论与实践中处于主导地位的。

（一）学习范式

学习范式在人力资源开发的实践中占主导地位。学习范式是指研究者和实践者共同认可的有关提高个人、团队及企业组织三方学习能力的内在一致性传统。就学习范式来说，人力资源开发人员的工作是开发个人、团队或组织的学习能力，这种学习能力将转化为绩效的提升。需要注意的是，学习和绩效提升之间是一种间接关系，它是强化绩效能力的一部分。人力资源开发可以挖掘绩效创造的潜力，学习就是人力资源开发最重要的成果。学习不仅对绩效产生了潜在的影响，而且还带来了其他理想的效果，这些是其他管理职能所无法触及的。

分析学习范式，其重点就是分析它的核心理论假设，这些假设得到了研究者和实践者的基本认同。这里列举以下核心理论假设：

第一，个人的教育、成长、学习和发展都是有益于个人生活的。学习范式的核心就是强调学习、成长和发展能够天然地给每个人带来好处。该假设是人力资源开发理论和实践的中心内容，任何人力资源开发范式都不会挑战这一假设。

第二，人力资源开发应从人的固有价值出发来尊重人，而不应以"资源"

为借口来追求组织绩效，从而导致对员工的滥用，降低员工的人格，亵渎人的尊严。

第三，人力资源开发的主要目的是促进个人的发展。学习范式理论认为，个人的学习和发展应优先于组织的需要，或者同等重要、相互协调。组织必须通过使人们有意义地工作来充分发挥他们的潜能。组织有义务和责任帮助个人开发潜能，人力资源开发是实现这一目标的主要途径，组织绩效的提高不能牺牲员工的发展。在组织工作中，组织不是只发展个人的某些特定技能，而应促进个人的全面发展，实现个人的职业生涯规划、生活与工作的协调统一。

第四，人力资源开发的主要成果是学习和发展。在学习范式中，学习是人力资源开发的主要成果，也是核心结果变量。在该范式中，一些学者强调个人的学习，而另一些学者强调个人、团队和组织整体的、系统性的学习。

第五，个人的发展能够自动地提高组织绩效，绩效是发展的自然结果。培养学习能力强的员工队伍，与单纯追求绩效相比，更有利于获得更高水平的绩效。对绩效或组织利益的过度强调会阻碍人的潜能的充分发挥，会导致他们与组织更疏远以致最终损害组织的发展。学习范式认为释放人类潜能是最重要的，这也是学习范式与绩效范式观点的根本差异。

第六，个人应自我控制他们的学习过程。个人拥有天生的学习能力和动机，会以最有利于自己的方式来自我控制学习过程。人力资源开发没有必要特别强调绩效，而应致力于学习环境的创造和培育。

（二）绩效范式

从 20 世纪 90 年代开始，绩效范式在实践领域日益受到重视。绩效范式关注组织的整体绩效，同时也关注个人和团队的绩效。人力资源开发的绩效范式认为，人力资源开发的主要目的是通过提升某种绩效系统及其中工作人员的能力，进而推动该绩效系统完成它的使命。绩效的提高既可以通过学习手段获得，也可以通过非学习手段获得。

绩效范式与学习范式在核心假设上存在较大的差异，绩效范式的假设得到了该领域研究者和实践者的基本认同。其核心理论假设如下：

第一，组织要生存与繁荣，绩效最重要。如果组织不追求绩效，就会逐渐衰弱直至消亡。绩效不仅仅体现在利润上，确切地说，它体现在组织以何种方式实现其核心目的和期望结果的过程上。员工个人只有按照要求支持一个绩效系统的长期利益，才可能被看成该系统的有价值成员，否则他们就会被认为不能为组织提供价值。因此，人力资源开发的主要功能就是通过强化个人的专业技能来提高组织绩效。

第二，人力资源开发的最终目的是提升系统的组织绩效。人力资源开发所开展的所有活动和干预措施都必须能够提高组织系统、子系统和个人等不同层次的绩效水平。应把人力资源开发的主要职责放在它所服务的系统范围内。

第三，人力资源开发的主要成果不仅是学习，还包括绩效。学习和绩效是人力资源开发的两个不同层次的结果，这两个结果是互补的，而不是对立的。多层次理论通过承认组织和个人之间的相互影响，将个人学习和组织绩效统一起来。个人的学习可以被看作实现组织目标不可分割的一部分，组织层次的特征和目标取决于个人层次的特征、行为、态度和感觉等。

第四，组织中的人的潜能必须得到培养、尊重和发展。绩效范式的倡导者相信学习的力量和组织中的人的力量。这里要特别区分人力资源开发的绩效范式与简单的绩效管理，后者并不像前者那样尊重人的潜能，前者则认为只有释放了人的潜能才能创造出伟大的组织。对组织绩效的追求并不要求以控制人的潜能为代价，在组织中忽视人的潜能将有损于组织绩效的提高，绩效范式的倡导者强调人的潜能与组织绩效的一致性。

第五，人力资源开发必须提升当前的绩效并培育能创造将来高绩效的能力，以便实现可持续的高绩效。因此，人力资源开发想要提高组织绩效，就既要重视结果，又要重视驱动力。仅仅强调实际结果可能导致只注意到短期内绩效的提升，忽视组织发展的推动力；反之，仅仅强调组织能力的提高可能忽视当前的实际产出。因此，只有兼顾二者，才会获得长期的、可持续的绩效提升，通过把握好结果（产出）与推动力之间的微妙平衡来推动组织子系统和个人等环节的绩效。

第六，人力资源开发的专业人员必须承担起伦理和道德责任，并保证组织在达到绩效目标的同时不伤害员工的利益。绩效范式的倡导者们承认，对组织绩效的过度追求可能会导致某种有害的或不道德的结果。以绩效为基础的人力资源开发绝对不支持组织实践在对待员工时超越伦理和道德的界限。虽然对伦理和道德的具体标准尚有很大的争论空间，但基本的哲学立场是绩效提高必须符合一般的伦理道德规范，合理的绩效目标应是有益于个人、组织以及社会发展的。

第七，培训或学习活动不应从绩效系统中分离开来，而应与其他绩效提升措施结合在一起。绩效范式强调整个系统全方位的绩效提升，强调包括学习方法和非学习方法在内的多层次、全方位的绩效提升。多数组织没有专门的岗位或机制从整个系统的角度去对各种绩效提升项目进行评估、引导和协调，而是过多强调绩效变量中的某个要素或其中的一个子集。人力资源开发的基础是系统理论和组织的整体观，其必然要求人力资源开发的目标是提升整个系统的综合绩效。

第八，强调绩效对个人和组织的重要意义。绩效显然是有益于组织的，但同样也有益于个人，并非与个人利益相对立。一些研究已经证明人们更喜欢通过完成挑战性的组织目标来实现个人的尊严。工作的满意度与工作绩效之间存在着较大的正相关关系，绩效可以帮助个人实现其职业发展目标。人力资源开发对组织绩效具有不可替代的价值，对个人也是如此。

第九，整个系统的绩效提升有赖于多种干预措施的综合运用。组织系统中的各个要素之间密不可分，不能仅仅重视对其中某个要素的干预。绩效提升有赖于多种干预措施的综合运用。持这种观点的人认为，提升个体员工的专业技能是最主要的，但人力资源开发如果以个人为导向，就会破坏系统理论的基本原则，从而带来系统性的改变。组织系统必须维持与产出和驱动力相关的各种要素的综合平衡，才能实现使整个系统绩效提高的目的。

第十，人力资源开发应通过与组织内部各部门的协作来实现组织绩效提高的目标。由于组织中的学习主要发生在工作场所，而非在课堂上，所以人力资源开发必须与组织中的职能部门合作，才能使学习和培训充分发挥提高组织绩效的作用。此外，如果人力资源开发不能同直接影响绩效的实际部门联合，也会限制其作用的发挥，使其在组织中只能扮演相对次要的角色，影响力受限，而且还面临着萎缩和功能职责被外包的风险。

第十一，明确将学习结果转化为工作绩效的重要性。以绩效为基础的人力资源开发最关心的不是学习过程，而是学习为个人和组织的绩效所带来的提升。因此，需要重视学习成果向工作绩效的转化，这种转化是一个复杂的过程。学习是获得绩效的必要条件，但不是获得绩效的充分条件，其中的转化机制是研究者和实践者关注的重点。在这种转化机制中，专业技能作为一个中介变量，将学习与组织绩效联系在一起。

绩效范式还特别重视对组织绩效结果的度量。研究能够体现人力资源开发贡献度的度量方法，这是人力资源开发成为组织战略帮手的必要条件。

四、人力资源开发的实践领域

人力资源开发的研究领域既宽泛又复杂。它涉及面广，与其他专业活动的交叉性和重叠性强。组织内部在人力资源开发的实际操作中往往会与本专业外的部分活动或项目重叠，因此，人力资源开发的实践工作者可能拥有不同的头衔或职位，如国内企业通常称其为人事部门经理、人力资源管理部门主任、培训部门经理等；国外企业则一般使用管理发展经理、组织发展专家、技术培训主任、首席学习官、组织效率主管、执行力发展主任等名称。当然，上述各种与人力资源开发有关的头衔或职位在职能上存在一定的差异，有的角色对整个组织有重要的影响，如国外企业的首席学习官、组织效率主管、执行力发展主任等，这些人力资源开发专业人员具有获得超越个人、团队以及组织界限的信息优势，能够保障组织的协调、统一和完善。

人力资源开发专业人士也可以在一个组织的子系统里担当角色，如销售业务培训经理、分支企业人力资源开发总协调人或银行出纳员培训师。同时，企业的高层管理者几乎都要不同程度地负责和参与人力资源开发计划的制订和实施，直线经理直接参与现场培训的情况越来越普遍。事实上，在现代企业中，几乎没有什么人与培训和开发工作无关，我们几乎不可能去核算一个组织中到底有多少人的工作与人力资源开发的业务相关。例如，公司的 CEO 亲自主管培训与开发项目，或有经验的老员工对新员工进行在职培训等，这样的事情是经常发生的。

人力资源开发实践活动的领域随着组织管理的外部环境的变化而不断扩展。早期的人力资源开发实践主要是员工培训活动，后来扩展到管理开发、职业生涯开发、组织开发以及绩效改进与提升等活动。

（一）培训与开发

培训是指组织或企业为改进或提高员工的知识、技能、能力和态度所组织的各种学习活动。培训一词出现得非常早。在工业革命之前，手工作坊主就为其员工提供培训，主要采取的是师傅带徒弟的形式。到了19世纪，工业革命和科技的发展带来了企业对员工的培训需求。在工业化初期，由于大量现代企业的出现，需要大批的熟练工人来操作机器，以及大量的工程师、机械师来设计、制造和维修机器等，而当时的职业技术教育无法满足企业的需要，一些企业就自己开展各种教育和培训活动。早期的培训主要是针对普通员工的培训活动，培训的内容包括特定职务所需的知识和技能，培训目的就是满足员工胜任岗位的需要。

培训与开发概念出现在20世纪60年代初，由美国培训与开发协会首先使用。由于培训受到企业的重视以及社会环境、员工需求的变化，企业的培训内容、形式和对象也发生了深刻的变化，使企业对员工的培训不仅仅关注知识和技能培训，还重视员工的能力、态度以及员工未来的发展，并且把企业的培训与战略联系起来。而培训一词已经难以反映企业培训活动的内涵了，于是培训与开发概念开始流行起来。

培训与开发是指企业为满足当前或未来的工作需要，为员工提供的各种学习活动和机会。组织为其员工提供一系列系统的、有计划的活动，使员工有机会学习必要的技能以满足当前和未来的工作需要。也有的学者将培训与开发分开解释，认为培训是企业为员工所提供的能满足目前工作所需的知识和技能的活动，它以满足当前工作需要为目的，是一个短期的过程。开发也是企业为提高员工的知识和技能所设计的活动，但它所关注的是企业未来发展的需要，为的是使员工和企业的发展保持同步，因此开发是一个长期的过程。例如，企业引进了一条新的生产线，由于员工不熟悉新机器的操作，企业就要设计一些课程来教会员工如何操作新机器，这种活动就属于培训。如果企业要做战略调整，制订了新的发展目标，而员工目前的观念、能力等难以满足未来发展的需要，企业为改变员工的观念、提高员工的能力，所采取的各种教育培养活动就属于开发。虽然培训与开发有一定的区别，但它们本质上是相同的，都是为向员工提供他们完成现工作所需要的知识和技能而设计的，目的都是通过培训和开发使员工的能力产生持久的变化，以此来改善和提高员工和组织的绩效。在企业的培训实践中，人们对培训与开发不做严格的区分，经常使用"培训"这一概念代替"培训与开发"。

企业的培训与开发主要包括新员工导向培训、技能培训以及管理培训与开发。当新员工进入组织时，就会接受培训与开发，这一活动通常是以员工导向培训和技能培训形式展开的。员工导向培训是新员工熟悉工作环境、学习组织的价值观和规范、建立工作关系，以及学习如何履行岗位职责的过程。新员工的技能培训重点是与工作相关的一些特殊领域的知识和技能。管理培训与开发主要是针对管理者展开的培训与开发活动，目的是增进管理者的管理知识、技能，提高其履行职务的能力。

（二）职业生涯开发

职业生涯是步入职场的人在职场中所经历的由一系列不同职务所构成的轨迹。虽然每个人在自身的职业生涯中所经历的职务变换和路径都是不同的，但在每个人的职业生涯中，不同阶段所面临的问题、任务、障碍等都具有一定的共性。这种共性为职业生涯规划和管理提供了可能。

职业生涯开发是以职业生涯为对象所进行的开发活动。职业生涯开发可以从个人的角度进行，也可以从组织的角度进行。我们通常所说的职业生涯开发是指从组织角度进行的职业生涯开发活动，是企业人力资源开发的重要组成部分。企业希望通过组织的职业生涯开发让员工获得更大的职业满足感，使员工的职业生涯开发获得组织的支持。当员工个人的职业生涯开发与组织的目标相一致时，员工就能为组织做出更大的贡献。组织的职业生涯开发是比较复杂的活动，主要通过培训、咨询、辅导、教练、员工援助计划等形式进行。

（三）绩效提升

人力绩效技术，也可以被翻译成"人类绩效技术"或"人类工效技术"。该理论认为，人类（员工）行为表现或绩效上的差距可以归因为知识与技能的缺乏、动机的缺失、完成任务所要求的资源不足、较差的工作条件、过度的工作负荷、工作设计不合理、缺乏激励制度等。当绩效差距是因为知识或技能的缺乏时，可以通过培训或学习活动来解决；而当绩效差距由其他原因引起时，仅仅进行培训则不能解决问题。人力绩效技术强调利用系统分析方法来解决所有问题。组织绩效系统是由组织投入、人员、行为、绩效、结果、反馈及环境等要素所组成的，如果人们要取得最佳绩效，那么绩效系统的所有组成部分都必须达到最优化。在目前的人力资源开发实践活动中，人力绩效技术已经得到广泛应用。

（四）组织开发

组织开发是通过运用行为科学理论对组织中的成员进行团队式的而非个人式的影响，改变他们的知识、技能、能力，尤其强调改变他们对组织的态度、积极性及行为的活动。组织开发主要完成以下两个方面的任务：一方面，让组织做好准备，以面对复杂多变的环境。也就是说，通过组织开发活动，使得组织成员对改革采取一种客观的或者欢迎的态度，而不是抵制改革。也有的研究认为，组织开发是一个为员工创造更加优良的工作环境的过程。另一方面，组织开发需要解决的是一个群体的整体开发，而不是个体的开发。也就是说，它需要改变的不是一个人的态度和行为，而是一个群体的态度和行为。这里所说的群体，可以是一个小的团队，也可以是一个部门，还可以是由不同小群体组成的大群体。当然，组织开发的最终目标是使整个组织作为一个整体而发生改变。

应说明的是，组织开发和人力资源开发之间既有很大的差异，又有密切的联系。一方面，这两个领域的理论基础有比较大的差异，两个领域在组织实践中也通常是分离的。人力资源开发是以学习理论和教育学理论为基础的，而组织开发则主要以组织行为理论为基础。另一方面，二者难以各自独立为两个独立的领域，组织开发工作被归于人力资源开发部的情形比较常见，一些大型组织还设有专门的组织开发结构。组织开发所依赖的开发手段较为独特，这对人力资源开发者而言是比较陌生的工作，也需要他们进行更加深入的专业训练。在西方，组织开发是通过变革代理人来实施的，代理人可以在组织内部，也可以在组织外部。无论哪种情况，人力资源开发的主管及专业人员都在组织开发中发挥着越来越重要的作用。实际上，组织开发是最能体现人力资源开发战略性的工作领域，这一工作需要人力资源开发者与组织内各层次管理者的共同协调和参与。

五、人力资源开发的作用

日本松下电器创始人松下幸之助认为："公司是制造人才的地方，兼而制造电器……公司中各方面的钱都可以省，唯独研究开发的费用及培训费用绝不能省……培养人才才是当务之急。"人力资源开发对企业的生存与发展具有重要作用。为了提高竞争力和活力，许多组织将人力资源开发活动作为组织战略的重要组成部分。一些企业花费在人力资源开发方面的费用是较为高昂的，尤其是发达国家的大公司，每年的人力资源开发支出相当惊人，甚至成为企业运营最大的成本。

（一）人力资源开发是企业竞争力的重要来源

在知识经济中，组织的竞争优势依赖于组织提供新知识的连续生产以及适应快速变化的环境的能力，而人力资源开发是保证企业获得这些能力的关键。在传统经济中，经济附加值更多的是通过物质资本来实现的。然而，在知识经济中，则是通过连续应用新知识以改进和创新工作的流程、产品和服务，来获得经济附加值的。这就意味着，现代企业的竞争力主要来自创造性的劳动，而创造性的劳动则依赖于高效益的人力资源开发。因此，现代企业都认识到了人力资源开发对企业竞争力的重要意义，国际上许多著名公司都认识到人力资源开发对企业竞争力的现实影响，并深刻地意识到在知识经济大潮中人力资源开发所能够带来的巨大潜在利益。企业正在经历从主要关注暂时性绩效改进的思维方式，向更加注重终身学习的战略转变过程。

（二）人力资源开发是一种重要的人力资本投资

将人力资源开发看成一种人力资本投资是较为自然的。人力资本投资包含的范围很广，人力资源开发的支出只是人力资本投资的一部分，是受教育阶段完成后人力资本投资的延续。有研究证明，人力资本投资与经济增长率有较高的正相关，以及人力资源开发与企业竞争力有显著正相关等，企业也因此认识到应将人力资源开发看成实现企业目标的战略工具。一些公司认为，对培训开发的投资，对于未来的战略布局和竞争优势的形成是必要的，是与企业的长期利益相关联的。大多数世界知名公司非常重视员工的培训，每年都在员工的教育培训上投入大量的经费。

（三）人力资源开发可以提高员工和组织的学习能力

许多企业都意识到学习对于一个企业的重要意义，都期望把自己的企业建成学习型组织，以应对全球化、知识经济和劳动力市场的变化等。组织和员工的学习能力被看作企业获得竞争优势的一个重要途径，是企业核心竞争力的源泉。市场需求和技术革新速度的加快，要求企业组织和员工能够适应各种变化，而新员工往往缺乏合适的技能，需要企业投资于基础技能的培训。原有的员工需要具备一定的影响力、人际交往能力、沟通能力、适应能力、自我管理能力和学习能力等，也需要企业进行培训与开发的投资。通过有效的人力资源开发，企业可以制定出一套适合企业自身的学习方法和手段，同时也会创造出畅通的隐性知识传播渠道，使得员工和组织的学习能力显著增强。事实上，提高学习能力是一个企业或组织提高创新能力的重要基础。更重要的是，在知识经济时代，培训已不局限于基本技能的开发，而被视为创造智力资本的途径之一。智力资本是近几年被人们所接受的概念，包括完成本职工作所需的基本技能、高级技能及创新能力等。

（四）满足员工发展的需要

人力资源开发不仅是实现企业目标的战略工具，而且是实现员工目标的重要手段。在传统雇佣方式下，人力资源开发的主要目的是更好地实现企业的目标，而很少考虑开发与员工个人成长及职业生涯之间的关系，不大考虑员工的需要与发展。随着雇佣关系的发展和演变，企业越来越重视员工的培训与开发。有实证研究表明，为员工提供一定程度的培训与开发机会已经成为新型雇佣方式最重要的特点，也是员工选择和评价企业的重要标准。这表明，现代企业的发展不能忽视员工开发，否则不仅企业现有员工的技能难以提高，也难以吸引更优秀的员工进入企业，企业的自主创新能力难以提高。企业要想吸引和留住优秀员工，保持员工对企业的忠诚，就必须关注员工的成长和发展，通过培训与开发提高员工的受雇能力或就业能力。有学者认为，雇主有责任为员工提供适当的培训方案，对员工进行教练和咨询，提供改进现有技能和获得新技能的机会，改进员工的受雇能力。

第二节　人力资源开发的组织结构

一、人力资源开发部门

对于大型的现代企业而言，作为企业职能之一的人力资源开发越来越重要，这一职能也越来越独立化。从组织形式上看，现代企业的人力资源开发职能主要是由独立的人力资源开发部门来完成的。人力资源开发越来越成为企业人力资源管理的核心职能之一。独立的人力资源开发部或培训部，不仅可以扩大培训范围、节约培训成本，同时有利于创造学习型组织，通过知识的共享来自动实现开发的目的。

人力资源开发部门的主要职责是制定本企业的人力资源开发规划，具体职能包括：①根据企业发展战略制定人力资源开发战略。②确立人力资源开发的目标。③制定具体的人力资源开发规划。规划既要符合企业组织的发展目标，又要符合员工个人职业生涯发展的阶段和目标。④负责人力资源开发具体的组织协调工作。包括职业培训师的聘请、直线经理的责任分工、受训者的责任等。⑤对人力资源开发效果进行评估。不仅要对开发的整体效果进行评估，而且要将维持开发效果的责任划分清楚。

二、人力资源开发部门组织结构的模式

企业人力资源开发部门组织结构的设计具有不同的模式，本文将介绍几种主要的模式：培训学院模式、客户培训模式、矩阵培训模式、企业大学模式和虚拟培训组织模式。

（一）培训学院模式

培训学院是企业人力资源开发部门职能日益专业化的产物，同时也是企业培训与开发职能独立且传统的组织发展模式。这也是众多企业所选择的一种常见的组织形式。企业培训部门或人力资源开发部门的结构与运作有些类似于专业性的学院或专科学校，但培训机构的名称有时仍然叫作培训部或人力资源开发部，也有的被称为培训学院。其具有专业性强、分工明确的突出优点。从组织机构安排上看，培训学院式的培训部门有一名主管，负责全面的组织工作，职能相当于学院的院长。此外，还有一批特定专业技术领域的培训专家，这些专家负责制订培训计划，开发、管理和修改培训项目。例如，从事特定技术培训的专家制订该技术的培训计划，并将计划贯彻到具体的实施过程中。新技术在员工中的普及需要一套符合企业特点及员工特点的培训计划；从事销售培训的专家负责对员工销售技能的培训，既包括对基本销售技能的培训，又包括对某一项特定销售任务的单独培训，如扩展客户、构建营销网络、设计广告等一系列具体培训措施。再如计算机培训专家负责制订软件设计和使用、全球网络等的培训计划，也可以就某些具体项目的计算机应用设计专门的培训项目。

培训学院模式的优点显而易见，其组织机构完整而有序，培训计划的制订具有较高的专业水平，培训计划完整而严密。但这种模式也有缺点，主要表现为灵活性和敏捷度较差，难以及时调整培训计划和培训方案，不适应现代市场对企业组织灵活度的较高要求。企业虽然建立了一个具有较高专业水准的培训部门，但由于培训专家对公司生产经营的动态掌握得不准或者不及时，使得根据企业实际情况而改变培训内容的意识缺乏，其结果往往是受训者所学习的内容既不能满足企业的需要，也不能满足员工个人发展的需要，使得培训成为一项收益较少而成本较高的活动。

此外，在培训学院模式中，培训专家的知识结构及专业特长等往往成为培训内容的主要决定因素，培训专家知识和技能的更新成为重要的任务。为了克服该模式的缺陷，培训部门的领导者及培训专家应积极主动地参与企业生产经营过程，及时掌握企业的运作动态和信息，掌握员工的真实情况，以便于及时修改培训计划及其内容，以确保所设计的课程能够符合企业和员工的需要。同时，建立流动的培训专家群（包括聘请外部专家，如咨询顾问、职业培训师等）

是适宜的选择，以便于及时、准确地选择合适的培训专家开展培训活动。

（二）客户培训模式

客户培训模式以满足企业内部各职能部门的需求为宗旨，来制订培训与开发计划。该模式的突出特点是将有特定培训需求的部门看成"客户"，培训计划的制订要以满足"客户"的需求为宗旨。在该模式中，培训部门的主管及专家及时跟踪企业某个部门的发展需要，以便不断更新培训课程和内容，使得培训更符合该部门的迫切需求。如果该部门的培训需求变化太快，以至于企业内部难以提供合适的培训计划及培训专家，那么企业就可能借助外部专家的力量来完成培训任务。这种模式克服了培训学院模式的不足之处，能够使培训项目与经营部门的特定需要相一致，并突破了培训专家专业知识和技能的局限。

这种模式的缺点是耗费成本过大，包括人力、物力、时间等。首先，管理者和培训专家要对每一个培训项目进行系统、全面的调研，才能使制订的培训计划真正符合"客户"的需求，达到培训的目的。对有培训需求的特定部门的经营业务进行全面、准确的了解是客户培训模式首要的工作，也是该模式比学院培训模式耗费成本的地方。其次，由于是为"客户"提供培训，因此具体业务部门对培训的参与度较高，大量的培训项目由这些部门进行开发，每一个培训项目又需要体现该部门自身的特点，很难适应其他部门的需求，而其他部门的培训需求又需要制订单独的培训计划。再次，由于每一个部门都主张设计符合本部门特点的培训计划，而培训主管很难监督每一职能部门培训需求的定位以确保需求与企业的发展需求相一致，从而使得培训能够真正地提高整个企业的生产经营绩效。此外，各部门之间也可能存在协调问题，培训需求与培训计划有可能出现矛盾和冲突。最后，由于客户培训模式强调有针对性的培训，对特定部门的具体需求考虑较为充分，而对受训者理论知识的传授及全面素质的培养较为缺乏，这也是该模式不如学院培训模式的地方。尤其是在培训者就是该职能部门员工（如制造工程师）的情况下，更容易出现这样的问题。本部门的专家往往具有较强的专业技术指导能力，但缺乏对系统的理论知识的传授。

（三）矩阵培训模式

矩阵培训模式是培训部门负责人和职能部门负责人同时参与培训过程的

一种模式。在该模式中,培训部门负责人和职能部门负责人同时制订培训计划,同时参与培训过程,并同时对培训效果进行评估。在矩阵培训模式中,受训者同时接受培训部门经理和特定职能部门经理的共同指导。矩阵培训模式的突出特点是有利于发挥培训部门经理和职能部门经理在知识、技能等方面的优势,克服双方的不足和局限,使受训者既获得完整的理论知识,又获得与实际工作密切相关的技能训练。在培训完成后的效果评估中,受训者既要向培训部门经理汇报工作,又要向特定职能部门的部门经理汇报工作,只有双方都认为合格后才能表明受训者的培训工作获得了成功。例如,接受市场营销培训的员工,在培训工作结束后,销售培训者既要向培训部负责人汇报工作,又要向市场营销经理汇报工作,以此检验和评估培训结果。

矩阵培训模式的缺点也是显而易见的,其缺点主要来自职能经理和培训主管双方培训目标的差异。这种差异可能直接导致他们在对受训者实施知识与技能传授过程中提出相互冲突的安排和指令,使得培训计划在实施过程中遇到较多的矛盾和问题。一般而言,受训者会依据系统的专业理论知识与实际操作技能在评估中的重要程度而进行权衡,二者的权重常常取决于培训经理和职能经理之间的力量对比,这常常与企业的目标不一致,或者与员工个人职业生涯的发展阶段和发展目标不一致。

（四）企业大学模式

随着知识经济及经济全球化的扩展和深入,企业人力资源开发在企业发展中的地位和作用日益提高,企业大学模式就是这一趋势的必然结果,也是企业培训组织发展的较高级的组织形式。与学院培训模式及其他传统培训模式相比,企业大学模式的不同之处在于,它有明确的职位管理体系和职业发展通道,有完整的基于胜任力模型的培训课程体系,并建立了核心胜任力模型、岗位任职资格体系和相应的评估体系。此外,企业大学的客户群不仅包括员工和经理,还包括公司外部的相关利益者。企业重要的文化和价值观也能够在企业大学的培训课程中得到体现。企业大学不仅能够传播公司某一部门内部开展的有价值的培训活动,传播隐性知识与信息,同时还能传播对企业发展有重大影响力的企业文化。此外,企业大学还可以通过开发统一的培训实践与培训政策来控制成本。

1974 年，摩托罗拉大学的成立开辟了企业培训的新时代，引发了全球企业大学构建的高潮。摩托罗拉大学在 2002 年又完成了一次重要转型，从以企业内部培训为主转变为内外兼顾的整个价值链的培训。有了摩托罗拉大学，才有了真正意义上的全价值链培训，才有了真正意义上的"综合型的企业大学"。此外，通用电气、惠普商学院、宝洁大学、IBM 培训系统、爱立信中国学院、西门子管理学院、麦当劳大学、富士康大学等都是全球著名的企业大学。中国本土的企业大学也逐渐构建和发展起来，如海尔大学、平安大学、TCL 领导力开发学院、海鸥学院、海信学院、联想大学、UT 斯达康大学、华为大学、金蝶大学、康佳学院、美的学院等，这些中国本土的企业大学虽然比国外跨国公司的企业大学发展要晚，但也具有一定的自身特色，能够适应全球化的市场竞争，以及国内产业和市场发展的特点。

（五）虚拟培训组织模式

虚拟培训组织（Virtual Training Organization，VTO）是企业组织虚拟化进程中出现的一种开放、灵活、高效的新型培训组织。VTO 具有什么样的组织构架、该组织是如何运作的等，是我们所关心的问题。事实上，一个组织无论如何"虚拟"，首先都要具备一个基本完整的组织构架。VTO 机构设置的最大特点是固定的专职人员（包括行政服务人员和专职培训人员）的数量较少，而流动的培训专家比例相对较高。流动的培训专家不仅包括外聘的来自大学等研究机构的职业培训专家，而且还包括本企业的业务经理。这种机构设置特点决定了 VTO 的组织规模可随着培训的实际需要而扩张或缩减，机构设置灵活、精简、高效。同时，该组织结构使得培训组织的管理成本和运营成本大大降低。

与传统培训组织不同的是，VTO 不再将接受培训者视为知识和技能的被动接受者，而是将其视为"客户"。受训者即"客户"，具有主动权和选择权，VTO 能够提供令"客户"满意的服务，受训者的权利得到了尊重，培训的目的性也增强了；所设计的培训内容能够针对企业的发展和产业的生命周期而及时调整和更新，VTO 的敏捷性较高；VTO 要对企业的需求进行评估，提高受训者的才能和技能需要何种培训内容，并在此基础上设计出适应需要的"产品"。同时，VTO 要对新改进的和新增加的培训项目进行评估，确定其相对价值。VTO"客户"的范围较大，不仅包括员工，还包括企业内部各部门经理及相关供应商人员等。在 VTO 中，培训主要发生在工作地点，既不是在课堂上，也不是在模拟的工作环境中，因此培训更加真实。这是 VTO 与传统培训组织的不同之处，同时也是与虚拟培训或模拟培训的不同之处。相对于传统的培训部门而言，虚拟培训组织更注重以客户为中心，侧重于学习和评估培训的有效性，根据客户需要提供培训，且在客户需要的基础上决定何时及如何提供培训。

第三节　人力资源开发的相关人员

在组织或企业的人力资源开发过程中，需要企业高层管理者、人力资源开发专业人员、各职能部门的主管以及受训员工等多方的参与。尤其是在现代培训组织中，几乎所有的参与者都要发挥不可替代的作用，都承担着各自不同的职能，缺少任何一方，培训都不可能取得成功。因此，企业培训和开发效果取决于上述这些人力资源开发相关人员的职责分配、参与及协调程度等。企业中承担人力资源开发职责的人员有高层管理人员、部门经理人员、人力资源开发专业人员以及受训员工本人等，这里简要介绍他们在现代人力资源开发过程中的职责。

一、企业高层管理者

企业高层管理者在现代人力资源开发中的作用越来越重要。这首先是因为人力资源开发在现代企业管理中的地位越来越重要，作为企业中控制资源能力最强的和最有决策权的人，高层管理者对培训与开发的影响重大。总体而言，企业高层管理者在人力资源开发中的主要职责有以下几点：

（一）决定培训与开发在企业中的地位

企业高层管理者决定了培训与开发在企业中的地位，如培训学院或企业大学的发展水平、新型培训组织的构建与运用、培训经费在企业总成本中的比重、企业人力资源开发基本理念及基本原则的确定等。对现代企业而言，企业间的竞争往往可以表现为企业人力资源开发方面的竞争。一流的企业人力资源开发体系可能成为比薪水更重要的吸引人才的指标，尤其是对于刚刚步入职场的年轻人而言，他们更加重视企业能给他们提供怎样的培训机会，而这种培训机会的创造在根本上取决于企业高层管理者。企业人力资源开发专业人员、职能部门经理等都是执行者和管理者，但他们至多是具体的培训与开发计划的制订者和执行者，难以掌握和控制整个企业人力资源开发的发展方向。

（二）决定培训与开发对象

企业高层管理者不仅决定开发的投资方向、开发的项目选择、开发的组织形式、重大开发计划的制订及开发效果的评估原则等重要环节，而且决定培训与开发对象。例如，多元雇佣方式会在企业内部形成核心员工与边缘员工、长期员工与临时员工等不同类别和等级序列，员工在同一组织内部就会出现非职位关系的隔离与分层。企业在培训与开发资源有限的情况下，会优先选择对核心员工进行培训与开发。在培训与开发资源充裕的情况下，会扩大培训对象的范围。培训对象范围的扩大和缩小取决于高层管理者的决策。

（三）决定开发成本及雇佣方式

高层管理者要在开发成本、报酬及岗位等之间进行权衡和选择。多元雇佣方式的发展给雇主以更大的开发弹性，也就是说，企业既可以选择承担较大的开发责任来吸引有潜力的青年人才，也可以通过提高薪水或提高岗位吸引力等手段，在人才招募或激烈的人才竞争中获得优势，尤其是在稀缺的高端人才方面。研究发现，多元雇佣方式具有准契约和低投资的特点，这些特点使得员工的业绩不理想、工作效率低，较少参与帮助同事等工作职责之外的活动，有较高的离职倾向，对组织极少有心理承诺等。因此，多元雇佣关系虽然获得了弹性，但丧失了高绩效、承诺型的员工。因此，高层管理者在培训与开发方面的决策越来越成为企业人力资源管理的重中之重。

二、部门经理

部门经理在培训过程中的职责越来越重要，尤其在新时期实施战略人力资源开发的企业中，相当多的开发责任被转移给了部门经理。总体而言，部门经理在人力资源开发中的主要职责有以下几点：

（一）参与确定员工的开发需求和内容

部门经理应参与下属和部门人力资源开发需求评估，明确培训内容，建议或委派受训者。只有部门经理参与了培训计划的制订，并且参与到具体的培训过程中来，才能够使培训需求更加明确。高度专业化的企业内部分工，对各部门内部员工的专业性要求越来越高，培训内容必须有很强的针对性。本部门的管理者最清楚员工该接受什么样的培训、应对员工的哪些方面的知识和技能进行培训，以免培训脱离部门业务发展的需要。在委派合适的人选去接受某种培训方面，部门经理的作用是不可替代的。

（二）参与实际培训过程

对实际培训过程的参与能够使培训过程更加接近工作实际。除需要大量传授基础理论知识的情况之外，大多数涉及实际工作的培训过程都需要部门经理的参与。部门经理成为培训过程中的"教练"，分担了较大部分的培训任务，许多企业都依赖部门经理来执行人力资源开发项目。在那些没有培训部或人力资源开发部的中小企业，部门经理承担了更大的培训与开发的职责和权利，有的甚至完全承担了培训师的角色。事实上，师傅带徒弟式的培训方式在所有现代培训方式及培训组织中都在不同程度地沿袭。新型培训组织特别推崇现场培训，这也使得部门经理的作用更加重要。虽然培训组织的虚拟化程度越来越高，但培训过程却越来越真实，越来越接近实际工作过程。此外，部门经理对新员工进行指导和培训也成为他们承担培训与开发工作的重要内容，对新员工的培训并不见得一定是在正式的培训过程中进行的，而常常是在日常工作中进行的。

（三）承担培训有效性的责任

对培训结果或培训效果的评估，如果没有部门经理的参与，常常会出现评价与工作技能提高不符的情况。现代培训与开发组织中，受训者一般要向培训与开发的专业人员汇报部分培训结果，同时向部门经理汇报部分培训结果。后一部分内容与本部门的实际业务紧密相连，部门经理的评估结果能够在具体工作上给受训者以恰当的反馈，使培训绩效更高。在确保学习效果转移的过程中，部门经理的作用不可替代。部门经理对员工的绩效和职业开发状况进行评估，有利于他们制订绩效改进计划和职业生涯开发计划。只有部门经理参与了培训过程，才会使培训效果更加接近真实的工作需要，否则部门经理会认为培训不仅无益于本部门业务质量的提高，反而会耽误时间，将培训视为本部门的负担。

部门经理参与培训的效果，与企业对管理者的考核体系密切相关。如果部门经理意识到培训与开发活动与他们的工作业绩紧密相连，就会受到激励，从而更有效地参与到培训与开发过程中来。无论是职位晋升还是薪酬增长都对部门经理有很强的吸引力，促使他们更加重视对员工的培训。有些企业将与开发有关的绩效评价与工资增长直接挂钩，大大激发了部门经理的积极性。

三、人力资源开发专业人员

自企业有了独立的培训与开发部门起，人力资源开发专业人员就从企业管理者中分离出来，成为一支独特的企业管理者队伍。无论企业的培训与开发采取何种组织形式，人力资源开发专业人员都起着至关重要的作用。具体而言，人力资源开发专业人员的主要职责如下：

（一）全面了解成人学习理论，掌握国际人力资源开发的最新动态

长期以来，人力资源开发专业人员较为重视传统的课堂学习过程，对系统的现代企业理论、企业组织理论、企业生产经营、技术创新进展等缺乏了解，知识面过窄。20世纪90年代以来，企业竞争的日趋激烈，迫使人力资源开发专业人员加强对相关理论与实践的研究，通过提高培训与开发的绩效来为企业培养更高质量的人才。有的研究认为人力资源开发专业人员应帮助企业管理者

准确地掌握企业的发展方向，而不会因为环境的变化而使管理措手不及，以致影响企业的竞争力。

（二）参与到企业战略策划及组织的各项业务活动中

加强对企业经营业务、技术及发展趋势的了解和参与。新型组织要求人力资源开发专业人员必须能够从战略和系统的角度考虑问题，要从事跨职能的工作，并成为跨职能组织领导团队的一部分。在现代企业中，人力资源开发专业人员要开发自己的预测技能、评估技能和绩效分析技能，同时人力资源开发专业人员还必须开发其组织发展技能、变革管理技能、客户关系技能等，熟练掌握项目管理、工作设计与分析、绩效评估体系、绩效原因分析、组织分析、组织学习、绩效咨询以及组织发展咨询等。

具有专业水准的人力资源开发从业者应了解本企业所特有的企业文化，以便将这种文化渗透到培训与开发活动中，保持培训活动与其他管理活动协调一致。人力资源开发专业人员应参与企业发展战略规划的制定，而这些以前主要属于中、高管理层的工作，或者要对组织的发展战略规划进行必要的干预，或者采取其他战略性倡议活动以使人力资源开发与企业的发展相协调。只有达到了这些要求，人力资源开发专业人员才能合理地预测企业未来的发展趋势及对人力资源的要求，这对于 21 世纪的人力资源开发专业人员而言尤为重要。

（三）负责人力资源开发各具体步骤的实施

人力资源开发专业人员作为项目设计师，负责提供信息、确定培训目标、界定培训内容、挑选和安排培训师；作为培训资料的开发者，负责撰写或准备各种学习资料；作为培训过程的监督者和管理者，准备教学设备、引导小组讨论、制定考核办法、监督考核过程；作为咨询顾问，要负责协调和提供咨询服务，为部门经理提供有效的绩效咨询、制定咨询方案等；作为评估师，负责处理从培训项目的反馈及学习评估中所获得的调查结果，确认培训是否达到了预期的目标等。

（四）培养管理者的人力资源开发能力

人力资源开发专业人员的另一项重要职责是培养管理者的人力资源开发

能力。通过把组织的一些培训事务交给部门经理，将部门经理培训成企业人力资源开发活动的重要参与者，使他们成为开发员工能力、提升员工绩效和组织生产率的实际负责者。人力资源开发专业人员要帮助管理者转变为绩效教练，使他们能够独立地实施绩效考评，这样组织就能够使组织的管理者为绩效考评和员工的全面发展负责。

（五）承担服务和沟通联络的职责

在组织中，人力资源开发专业人员具有服务和沟通联络的功能。主要包括：①运用现代交流手段与媒介为共享与培训有关的资源搭建平台，包括企业内部的资源共享、企业与其他企业之间的资源共享等；②为培训计划的制订和实施提供全方位的服务。需要指出的是，企业培训计划的制订和实施是企业内部各方共同商定的结果，包括受训者、部门经理等。

专业人员的重要工作包括制订计划、安排进度、定期召集与培训决策有关的会议、进行组织工作和协调工作并提供全方位的服务；专业人员要不断地与受训者及潜在的受训者进行充分的沟通，根据受训者的个性化需求为其制定具体的培训方案等。上述职能在传统的培训组织中较难完成，通常采取"一刀切"的办法，由培训组织制订计划并组织实施，其他部门及人员较少参与，受训者的需求难以得到连续的反馈。

四、员工

员工在企业人力资源开发体系中是被开发的主体，人力资源开发的效果最终要在员工身上体现出来。在传统的培训中，员工曾经一度是被动的接受者，而不是能动的学习者；而在现代企业中，培训过程中需要员工能动地参与，具体表现如下：

（一）员工要规划自己的未来发展

员工要明确自己的职业发展目标与发展阶段，并根据这些明确学习需要，确定预期的学习效果，如行为的改变、知识的扩充及技能的提高等。为了认清自身的优势、劣势及学习需求，员工需要分析自己想要做什么、能够做什么、做什么能成功，以及别人对自己有哪些期望。学习需求可能产生于员工现有的知识、技能与其兴趣、期望等之间的差距。员工要对具体学习活动的实现进度进行衡量和评估，建立适合自己的学习、工作及生活相互协调的进度表。

（二）承担自己的开发责任

新型雇佣方式要求员工承担越来越大的开发责任，以适应各种雇佣方式不同的发展需要。与高层管理者一样，受训者个人在新型雇佣方式中承担了越来越大的开发责任，员工要为自己的培训与开发负责，同时也要为自己知识和技能的维持负责。这种责任的转移与现代企业人力资源的高流动性有关，也与企业对员工创新能力的高要求有关。

（三）将自己的计划和要求传达给专业人员

在新的竞争环境和雇佣方式下，人力资源开发人员不再将受训者视为知识和技能的被动接受者，而是将其视为"客户"。在这种新理念中，组织不再为员工个人的成长负责，员工需要为自己的成长负责，并为自己未来的职业生涯发展做基本的规划和设计；需要决定自己需要接受什么样的培训，什么样的培训对自己的职业发展最有效。员工需要将自己的计划和要求传达给人力资源开发专业人员，专业人员根据"客户"的特长和缺点、在企业中所承担的任务等帮助他们选择合适的"产品"，确定培训内容。同时还要针对员工的特点选择适宜的学习方式。只有员工能够成功地将学习需求传递给人力资源开发专业人员，专业人员才能够帮助员工设计和规划学习活动，帮助其实现职业生涯规划。

第二章　人力资源开发的需求评估

人力资源开发（包括培训与开发、管理开发和组织开发等）过程一般可被划分为需求评估、设计、实施和效果评价等四个主要阶段，其中需求评估是人力资源开发活动的基础。如果不对组织环境、工作任务、人员等进行全面分析，是无法开展有效的人力资源开发活动的。通过需求评估，管理者可以判断组织是否需要人力资源开发或培训活动，并分析开发活动的原因。

第一节　需求评估概述

一、需求评估的含义

需求评估是在 20 世纪 60 年代提出的一种通过系统评价确定培训目标、培训内容及其相互关系的方法。在人力资源开发领域，不仅培训活动需要进行需求评估，管理开发、绩效改进以及组织开发等活动都需要进行需求评估。在任何人力资源的开发过程中，需求评估是设计和开发之前的一个重要步骤，是企业人力资源开发过程的起点。

人力资源开发需求评估是指在设计和实施人力资源开发活动之前,收集有关组织和员工的相关信息,然后采用一定的分析方法和技术对这些信息进行分析和评价,以确定组织是否需要进行人力资源开发活动以及人力资源开发活动的内容等。同时,人力资源开发需求评估是一种找出绩效问题的原因及范围从而解决这些问题的方法。

传统的需求评估主要侧重对员工绩效差距的分析,找出产生绩效差距的原因,确定员工之间存在的技能差距,最后设计培训方案。但现代企业开展人力资源开发活动的原因越来越多元化,包括企业战略的变化、组织变革的需要、员工发展的需要等,而不仅仅是绩效差距这一原因。通过需求评估可以找出绩效差距的原因,员工知识、技能和能力的欠缺,员工发展需要以及组织其他方面的问题等,以确定企业是进行组织开发活动,还是绩效改进或开展培训活动等。例如,员工绩效问题如果是因为员工技能欠缺而产生的,通过需求评估就可以知道谁需要培训以及受训者需要学习的内容,包括他们通过培训所要完成的任务及其他工作要求,以此制订培训计划和方案。

需求评估是进行有效人力资源开发活动的基础,在人力资源开发活动中具有重要意义。例如,通过需求评估能够明确人力资源开发的目标,找出绩效差距的原因。当员工的工作绩效出现问题时,要注意多方面的影响因素,并积极寻找绩效问题产生的根本原因。如果绩效问题是由于员工缺乏完成工作的知识、技能和态度所造成的,并能直接通过培训和开发活动予以解决,即可进行培训和开发活动。如果是由于组织设计、工作流程、机器设备、领导方式或管理制度问题等造成的,那么对员工进行培训与开发是不能解决问题的,可能需要组织变革与开发等。在现实中,有许多因素(或被称为"压力点")要求企业进行培训和开发,如绩效问题、新技术的产生、内部或外部客户的培训要求、工作重新设计、新立法的出台、新产品的开发或员工基本技能的欠缺等。通过需求评估,可以明确是哪些压力点产生了人力资源培训与开发的需求,以便设计有效的、针对性强的人力资源培训与开发活动。

此外,通过需求评估,还可获得组织及相关人员的支持。企业管理中的任何一项活动只有获得了组织内外部的支持,才能顺利进行,培训与开发活动也不例外。一般而言,组织中的工作人员一般会支持建立在翔实的需求分析基础上的培训活动,而且在需求分析过程中,员工会参与到其中,他们的自我需求会得到充分的体现，因此他们会对培训活动给予支持。科学的需求分析能够真实地反映企业中的实际问题，而这些实际问题又是为管理层所重视并想方设法加以解决的，因此较容易赢得管理者的支持。

二、需求评估的类型

根据人力资源开发的作用或功能，需求评估可被分为战略需求评估、绩效改进需求评估和培训需求评估等。

（一）战略需求评估

战略需求评估将组织看作一个开放的系统，并从三个层次进行分析：①在组织层面上，对组织内部的战略、结构、程序、规范、制度、工作流程以及组织与环境之间的关系进行分析，如组织的一般环境（政治、经济、文化和技术）是什么，所处的行业竞争程度怎么样，压力是什么，组织的战略、技术和制度系统是否存在问题等；②在群体层面上，主要对群体或团队的目标、任务设计、结构、绩效标准、运行，团队内部是否有很好的合作、凝聚力等进行分析；③在个人层面上，对职位设计以及个人与职位之间的匹配进行分析。战略需求评估的目的是诊断组织中非人力技能方面的问题，以设计组织变革与开发计划。

（二）绩效改进需求评估

绩效改进需求评估是在组织的战略环境下，检查组织和员工现有绩效问题或发现新的绩效需求的评估方式。绩效改进需求评估在组织、工作流程和人员这三个层次上分析绩效问题，并把绩效改进需求与组织的业务战略联系起来，以此来开发长期绩效改进方案。

（三）培训需求评估

培训需求评估一般从组织分析、任务分析及人员分析这三个方面入手，分析和理解组织的环境、组织目标，以及确定员工在知识、技能和态度以及绩效方面存在哪些欠缺。组织分析包括系统地检查组织中的各个成分，关注组织系统层次上的组成成分，包括组织的战略和目标、组织的资源、培训成果的迁移气氛、环境中提供的内部和外部的限制等；任务分析主要是确定完成工作任务所需的责任，以及需要在培训中加以强调的知识、技能和行为方式；人员分析是确定员工工作绩效令人不满意的原因，是由于知识、技术、能力的欠缺，还是个人动机或工作设计等方面的问题，以此明确组织中谁需要培训、需要什么样的培训以及员工接受培训的准备情况。

三、需求评估的方法

需求评估过程实质是收集信息的过程。在人力资源开发需求评估中，有许多方法可以采用，如观察法、问卷法、访谈法、讨论法等。每一种方法都有自身的特点，在需求评估中可以使用一种方法，或同时使用几种方法。下面主要介绍调查问卷法、访谈法、观察法、工作样本法、阅读技术手册和记录等五种方法。

（一）调查问卷法

调查问卷法就是以问卷的形式，有计划地选择调查对象。问题的结构形式多种多样。

调查问卷法的优点包括：①从时间成本和资金成本等方面考虑，问卷法是成本较低的一种需求评估方法；②被调查对象易于选取，可以从众多调查对象中收集到所需要的信息；③对每个被调查者所设计的问题是一致的，不必设计几套问题，操作较为简单；④所得到的信息或数据易于归纳或总结，能明确地得知被调查企业的真实需求。

调查问卷法的缺点包括：①有效的问卷工具需要专业人员专门进行设计并给予充足的时间；②不能确保每个接收到问卷的人都能够配合填写并及时返回问卷；③经常出现问卷回收率低或部分问卷中的答案不符合要求的情况；④不易获得重要问题的具体原因和解决方法等深层次的信息。

（二）访谈法

访谈法可以是正式、结构化的，也可以是非正式、非结构化的；可以在特定群体中使用，也可以在关注的人群中使用。

访谈法的优点包括：①适合想法、情感等的交流，能够对被访者的问题进行原因及解决方法的分析；②给被访者自由公开地提供信息的机会，自发地表达自己和所在团体的利益；③访谈者可以重申不清楚的问题，如果被访者回答不清楚，访谈者可以细问；④如新信息出现，访谈者可随时调整访谈过程以获取开始时没有考虑到的额外信息。

访谈法的缺点包括：①被访者数量有限，通常描述性地揭示和分析问题，所得数据难以进行分析和量化；②访谈法需要较多的人和较长的时间来与被访谈者面谈，成本高于调查问卷法；③对访谈技能的要求较高，如有多个访谈者，要确保评估者之间效度的一致性。

（三）观察法

观察法主要用于任务或工作层面以及员工层面的需求评估，例如员工工作的时间–动作研究、员工或团队工作行为的研究等。

观察法的优点包括：①不必打乱常规工作进程和群体行为，将评估活动对工作的干扰降至最低；②由于是在真实的工作环境中进行的，较容易得到有关工作环境的数据。

观察法的缺点包括：①对观察者的技能要求高，要具备充足的知识，并对工作过程有敏锐的观察力；②受观察者较容易受观察者的影响，从而改变工作过程中的行为方式。

（四）工作样本法

工作样本法同观察法有相似之处，但工作样本法所采取的是书面形式。该方法主要用于研究在组织工作过程中所能够获得的信息和数据。

工作样本法的优点是能够系统地研究各种工作记录和报告，得出有关组织各方面的数据。缺点是需要专业的内容分析师，分析师对优势和弱点的分析带有个人判断的主观倾向，通常可能会被认为主观性较强、客观性不足。

（五）阅读技术手册和记录

阅读的技术手册和记录包括组织中的各种文件、政策手册、报告、备忘录、会议记录以及员工记录（如纠纷、离职和事故等）等。手册和记录可为出现的问题提供一定的线索，也是有关工作程序的理想信息来源。

阅读技术手册和记录方法的优点是目的性较强，能够有针对性地阅读所关注的信息。缺点是各种材料可能已过时，影响信息的时效性。此外，材料不完整的问题经常存在，因为企业难以及时准确地记录各种问题，并完好地保留记录。

四、需求评估的参与者

需求评估过程是收集各种信息如组织信息、任务信息和人员信息的过程，需要多方人员的参与才能完成。

（一）高层管理者

企业或组织的高层管理人员包括董事长、总经理和人力资源总裁。高层管理者一般从公司发展的战略角度来看待需求评估，旨在通过评估过程明确培训与开发在公司中的战略地位，了解培训与开发的重要性和紧迫性，并从中协调培训、开发与其他活动的关系。高层管理者能够较为方便地为培训与开发活动提供所需的人力、物力和财力支持。实践证明，高层管理人员对培训与开发的关注程度直接影响着培训与开发活动的最终效果。

（二）中层管理者

中层管理人员通常关心培训与开发活动对本部门的影响，尤其是培训与开发对财务目标实现的影响。尤其关心在完成部门培训与开发目标的前提下需要投入多少经费、培训、开发活动与正常工作安排的协调、何种类型的培训或开发能够提高本部门员工的工作绩效并确定哪些员工应接受哪种培训或开发等问题。

（三）培训与开发人员

培训与开发人员的主要职责是全面考虑培训、开发活动与企业经营战略之间的协调性，并体现在具体的培训与开发活动中。在需求评估中，培训与开发人员是通过需求评估来获得他们去管理该开发项目的信息。他们的核心工作是对绩效差距原因的分析，确定培训对象和培训内容，选择适合的培训方法，并做好一切培训准备活动。此外，培训与开发人员的另一任务就是争取上层管理人员的支持，赢得充足的资金，同时将资金的利用率达到最高。

第二节　胜任力的评估

胜任力评估在确定管理和专业工作的胜任力、开发培训计划以及建立绩效管理体系等方面得到广泛应用。通过胜任力评估，我们可以确立优良的工作绩效所需的胜任力，建立工作岗位的胜任力模型，为培训与开发、绩效管理等提供工具。

一、胜任力的含义

胜任力的概念最初由美国心理学家戴维·麦克利兰提出。他于 1973 年在《美国心理学家》杂志上发表了一篇题为《测量胜任力而非智力》的论文，提出用胜任力的测量来替代传统智力测验的观点。他认为，智力测验和能力倾向测验不能预测职业成功和其他重要的生活结果，而"胜任力测验"是一个比传统测验更好的预测重要行为的选择，呼吁智力测验应被以测量胜任力为基础的测验所代替。胜任力概念在管理领域的应用，则始于 20 世纪 80 年代，麦克利兰对美国选拔国外服务信息官的研究。美国学者博亚特兹 1982 年出版的著作《胜任的经理：一个高效的绩效模型》对推动胜任力的研究贡献巨大，此后胜任力概念在管理领域得到了广泛应用。

在 1995 年美国举行的关于胜任力的会议上，根据人力资源开发专家的建议，将胜任力定义为："影响一个人大部分工作（角色或职责）的一些相关的知识、技能和态度，它们与工作的绩效紧密相连，并可用一些被广泛接受的标准对它们进行测量，而且可以通过培训与开发加以改善和提高。"

综上所述，我们对胜任力进行如下定义：

胜任力是指能够在特定的工作岗位和组织环境中实现高绩效水平的个人特质和行为，包含以下含义：①个人特质是指个人独有的、潜在的、持久的个人特征，包括知识、技能、动机、态度或价值观等。这些个人特质是独特的，可以将一个人与他人区别开来，同时能够保持相当长的时间。胜任力除个人特质维度外，还包括行为维度。行为是外显的，是可以被观察到并被证实的，它与个人的工作绩效密切相关，通过行为可以预测绩效。在胜任力的研究中，持有行为观的理论家着重从人的行为来研究胜任力。②胜任力是可以测量的或可验证的。人的行为是外显的、可以被观察到的，同样人的知识、技能、动机、价值观以及个性特征等也是可以通过一定的测量工具进行测量的。③个人的绩效水平与胜任力是密切相关的。胜任力可以预测员工未来的工作业绩，它能够将优秀绩效者与一般绩效者区分开来。因此，并不是所有的个人特质和行为都被认为是胜任力，只有能够预测未来绩效的个人特质和行为才能被认为是胜任力。④胜任力是与特定的工作岗位和组织环境相联系的。组织环境以及工作性质的差异，会导致对胜任力要求的变化。

二、胜任力模型

胜任力概念在组织及企业的管理领域应用之后，人们开始试图建立胜任力标准或胜任力模型以支持人力资源实践活动。胜任力模型可以帮助企业确定要在某一岗位上实现高绩效所必须具备的个性特征以及知识和技能等，或者说它建立了区别一般绩效和优秀绩效的品质或特征，提供了关于工作绩效目前及未来的深层次信息。因此，许多企业建立了以胜任力为基础的人力资源管理体系，采用基于胜任力的招聘和选拔、培训与开发、职业规划、绩效管理以及薪酬等新措施，解决人力资源实践问题。

　　胜任力模型是指在组织中特定的工作岗位所要求的与高绩效相关的一系列胜任力的综合描述。胜任力模型是对高效完成工作岗位的任务所需的人员的个性特征、知识、技能或行为的抽象概括，一般由几项胜任力要素所构成。表2-1是某公司培训师的胜任力模型。

表 2-1　某公司培训师的胜任力模型

胜任力的维度	胜任力描述
个人效力	表现个人自信：相信自己有能力应对培训，即使在具有挑战性的情况下，也可以使学习变得容易。它包括独立行动、寻求挑战和处理极具挑战性的情况等行为
	表现适应性：具有适应和有效完成工作的能力，要根据情况变化的需要来调整讲授方法。具体行为包括在不明确的情况下有效工作，以及在紧张和压力下进行建设性的工作
	表现对秩序和质量的关注
	追求上进和自我发展：表现出一种想要促进个人和他人发展的愿望和意图
对客户（培训参加者、主办人和外部客户等）的了解程度	确定客户的需要：在做出决定和采取行动前充分理解和考虑客户（培训参加者、主办人和外部客户等）的需要
	具有分析能力和概念性思维

续表

胜任力的维度	胜任力描述
技术或功能性专长	基本知识：了解本领域的基本组成
	能够胜任的知识：表现出对本领域工作知识的掌握
	熟练掌握的知识：对该领域知识掌握熟练，有能力通过融合其他领域的知识来发展自身
辅助技能	促进学习：能够创造一个有助于学习的环境，能够使用多种多样的讲授技巧和辅助工具来促进学生的自我发展。这种胜任力的外在行为表现为有对知识进行介绍的能力
	相互理解：能够理解他人没有说出或表达一半的思想、感觉和顾虑
演讲发挥技能	高水平的讲授

　　胜任力模型主要针对特定的工作岗位而建立。岗位的工作性质不同，其胜任力要素是不同的，如销售人员胜任力模型、人力资源经理胜任力模型、财务人员胜任力模型等。需要注意的是，由于企业性质和环境的不同，胜任力模型的适用范围是受到约束的。如企业在应用适用于另一企业的人力资源经理的胜任力模型时，需要根据企业自身的情况修订，不能完全照搬。企业也可以使用一个已经经过验证的胜任力模型作为出发点，来开发适用本企业的胜任力模型，这样可以在对大量任职者的调查和观察、数据收集、分析数据和验证模型等方面节约时间和金钱。一些学者致力于研究和开发通用的胜任力模型，如管理人员胜任力模型、销售人员胜任力模型等，认为这些工作岗位或职位在任何企业里都是具有共性的，因为这些职位所需要的知识和技能是相通的，可以开发出具有普适性的胜任力模型。

三、胜任力评估的步骤

工作胜任力评估实质是建立胜任力模型的过程。胜任力评估分为三个步骤：制订工作计划、创建胜任力词典和建立胜任力模型。

（一）制订工作计划

此阶段的工作主要有：①确定胜任力模型的目的和用途。要研究胜任力模型是如何满足企业的业务需求的，确定胜任力模型是用于招聘、培训与开发，还是用于绩效管理或职业生涯规划等。可以通过与各级管理者进行面谈或探讨来获得这方面的信息，如高层管理者可以提供有关企业未来发展战略和发展方向的信息，中层经理可以提供关于下属所缺乏的技能和知识等方面的信息等。②确定所要建立胜任力模型的工作职位或岗位。确定了所要建立的胜任力模型的用途之后，就要明确是建立一个工作职位（如销售经理），还是建立一个工作群（销售员、销售经理、销售总监），抑或是建立多个工作群（生产、研发、人力资源等），以确定工作样本。③确定参与者。在胜任力模型建立过程中，需要发起人、人力资源经理、专业培训人员以及绩效突出的员工等的参与。在开发高技术职位的胜任力模型时，还需要专家的参与。④确定行动计划。行动计划包括行动步骤、时间安排和资源要求等。

（二）创建胜任力词典

此阶段的工作主要有以下几点：

1. 收集数据

建立胜任力模型的关键是要收集有关目标职位和高绩效人群的数据。收集数据的方法主要有行为访谈法、关键事件技术和内容分析法等，其中，行为访谈法是最常用的一种方法。行为访谈法借鉴了关键事件技术法的理论，或者说采用关键事件技术进行行为访谈。下面介绍行为访谈法。

行为访谈法的主要目的是从绩效突出的员工中获得与工作相关的信息以及他们工作之所以成功的信息。在收集有关高绩效员工的信息的同时，还要对绩效一般的员工进行访谈，以发现导致二者绩效差距的原因，找出高绩效工作者的胜任力特征。

行为访谈可以是一对一的个人访谈，也可以是焦点团体的访谈。一对一的访谈可以通过电话，也可以通过面对面的方式进行。理想的状态下，焦点团体应由 5～9 人组成，并且要由一个受过专门培训的推动者来组织。一对一的访谈和焦点团体访谈各有优缺点，表 2-2 是二者的比较。

表 2-2 一对一的访谈和焦点团体访谈的比较

访谈方式	优势	劣势
一对一的访谈	1. 鼓励在职人员提出真诚的意见 2. 允许采访者寻求更多的细节 3. 减少人们对保密性问题的担忧 4. 机智的观察者可以提供角色和组织方面的情景	进行足够的采访来收集充足的数据会浪费大量的时间，而且成本很高
焦点团体的访谈	1. 提供了一个机会来收集更多人的看法，而且效率很高 2. 小组讨论具有灵活性，可以获取一些丰富的甚至意想不到的信息，说明在工作中取得的成功都需要哪些胜任力	1. 需要一个经过培训的推动者 2. 在他们的同事面前，参加者可能无法开诚布公 3. "小组思考"的心态可能降低数据的质量 4. 寻求更详细的信息的机会很少 5. 需要大量的努力来组织和安排

在行为访谈法中，问题的设计非常关键，一般要围绕面谈对象在工作情境中感到特别成功的几个关键事件设计问题。例如，可让面谈对象挑选一个关键事件加以详细描述：是什么导致了该事件；如你成功地处理了该事件，那你做了什么、为什么这么做；在这个职位上要获得成功，应需要什么技能或能力、采用什么样的行为；哪些技能或行为是必须改变的、怎样来改变它们等。行为访谈的关键是获得绩效突出员工的行为信息。

2. 分析数据

进行访谈之后，要对采访所获得的数据进行分析和整理。分析工作主要是将访谈记录进行归类，再将各自的分析进行综合。一般首先由 4～6 名研究人员对访谈记录进行独立的主题分析，对导致优秀绩效的思想和行为进行整理归类；然后研究者针对主题和关键行为进行比较、讨论和修改，提炼出成功完成工作所需的胜任力项目，并对其进行描述。

在建立胜任力模型的过程中，进行数据分析的重要工具是主题分析。主题分析包括两方面的内容：一方面是根据通用词典提出的胜任力分类及相关定义与分级，提炼行为访谈中的胜任力信息，对其进行编码和归类整理；另一方面是在通用胜任力词典之外，对行为面谈过程中新出现的、个性化的胜任力进行分析、提炼和概念化。

3. 编制词典

胜任力词典是指对个人胜任力的定义或描述，如"有效沟通"这一胜任力可以被定义为"公开、清晰、确定地展示信息，倾听他人意见并做出恰当的反应。请求他人的反馈并及时提供反馈"。从 1989 年起，美国心理学家麦克利兰对 200 多项工作所涉及的胜任力进行了研究，提炼出了 21 项通用的胜任力并给予其定义，构成了胜任力词典。此后，一些研究人员以及企业开始发展或建立新的胜任力词典。麦克利兰构建的是通用胜任力词典，具有普遍适用性。由于企业性质等方面的差异，不同企业在相同胜任力的定义上是有所差异的。企业要根据企业的特点和环境，不断地更新、补充胜任力词典。

胜任力词典的编制是在数据分析基础上进行的。首先，要找出信息的相似之处，然后把这些信息整合成核心词组。例如，如果大部分信息都表明口齿清晰是销售员的一项重要技能，那么"口齿清晰"则成为一个核心词组。

创建词典就是不断地重复这个整合过程，定义出所有核心词组，并且不断修改、优化它们，直到满意为止，最后对每项胜任力进行全面描述。表 2-3 是销售员的胜任力词典的样本。

表 2-3　胜任力词典——销售员

胜任力	核心词组	定义
领导力：通过公司的愿景来帮助他人达到个人及组织的目标	指导	通过提供建议、鼓励及反馈来帮助他人提高他们的知识和技能
	影响力	通过职权及个人的感召力来赢得支持和对目标的承诺
	愿景	认识到组织将来的机会，并且建立长期目标使个人潜力得到发挥

续表

胜任力	核心词组	定义
人际关系：对受众需求表现出的一种积极的、有洞察力的、敏感的态度	口齿清晰	清晰表达事实及情感，让听众产生兴趣
	倾听	使用积极的倾听技巧来理解听众的观点以及改善沟通效果
	自我意识	了解自己的个人行动和态度，认识自己的优势和劣势
行业知识：通过阅读行业期刊、参加会议及网络来保持对行业的了解	产品或服务知识	了解公司的产品或服务的利益、特征、可行性及成本构成
	市场知识	熟悉竞争者的产品或服务，以及它们同本公司产品或服务的比较情况
管理：利用公司的经营来达到甚至超过公司的目标	决策	通过考虑公司的目标、员工的意见、可利用的资源及潜在的后果来做出决定
	预算控制	在公司的期望和预测内，管理、控制成本支出
	招聘	根据公司的需求和个人的绩效来估计人员需求，选择、雇用、开发、评估、晋升及辞退员工
	团队建设	鼓励参与，制订共同目标，认可个人贡献，监控进展以及提供反馈
销售技能：通过预测满足客户对公司产品或服务的需求，达到甚至超过销售目标	调研	寻找潜在客户并积极寻求新的业务机会
	展示	建立友好关系，展示积极、专业的形象，引导谈话结果
	劝说	有效地利用产品知识、行业奖项、谈判技巧和激励手段来促进销售
	客户服务	通过预测和满足客户需求，以及提供持续的质量支持、服务来提高客户满意度

续表

胜任力	核心词组	定义
个人品质特征：与行业及组织标准一致的价值观、态度、品质及行为	主动性	积极寻求改进和成长的机会，克服重重困难，完成目标甚至超出预期
	正直	与行业及组织目标一致的价值观和行为表现
	灵活性	积极适应工作环境的变化

（三）建立胜任力模型

此阶段的工作主要有以下几项：

1. 建立胜任力的过渡模型

进行数据分析并创建胜任力词典后，可以从中提炼出某特定工作获得成功的几项关键胜任力，初步建立胜任力的过渡模型。

下面以建立某工作胜任力模型中的一项胜任力——"沟通能力"为例来说明。

项目小组成员在分析收集和初步分析数据后，都认为沟通能力是一项关键的胜任力。根据调查和采访的内容，概括出良好沟通能力在工作过程中的行为表现，内容如下。

沟通能力：能够清楚、连贯地传达工作的重点。向组织中的各层级人员提供有效关键事务所需要的信息。帮助他人了解业务进展情况及组织范围内的一些动作。改进反馈流程，使得好消息和坏消息都能促进人们不断学习。

在此基础上将该模型发放给焦点团体等，再对收集的信息进行分析，对胜任力模型进行修改。进行调查修改后，对"沟通能力"这一胜任力的定义修订如下：

沟通能力：能够清楚、连贯地传达工作的重点。确保小组、各职能部门、各单位之间及时进行信息交换；向组织中的各层级人员提供有效关键事务所需要的信息；帮助他人了解业务进展情况；仔细倾听他人的想法、担忧和观点，并通过适当的复述或反应来表明对此的理解；改进反馈流程，使得好消息和坏消息都能促进人们不断学习；善于接受新观点和不同意见；跟踪调查，确保员工清楚地理解所传递的信息及观点。

2. 胜任力模型的验证、修改和完善

胜任力模型初步建立后，一般认为这一模型已经具有了较高的表面效度，因为它能够囊括成功完成工作所要求的技能、知识和个性特征等。如果该模型具有较高的表面效度，就不需要修改，可以直接用于培训与开发；如果胜任力模型用于招聘、薪酬管理等时，就需要对模型进行检验。

进行胜任力模型的验证可以采用研究样本的方式进行：①选取样本，进行问卷调查。从不同部门中选择处于三个绩效等级的人员——超过绩效标准的、达到绩效标准的和低于绩效标准的作为样本。②对调查的数据进行分析，检验胜任力与不同绩效等级之间的相关程度。如果胜任力与高绩效等级显著相关，那么这一胜任力具有协同效应。③考察高绩效群与低绩效群之间胜任力得分的显著差异。如果胜任力与高绩效等级相关性较弱，应考虑行为描述是否清楚、绩效标准是否正确等。通过验证分析，去除那些与有效性不相关的项目，完成最后模型的构建。

第三章　人力资源开发的主要内容

第一节　职务分析

一、职务分析的含义

职务分析是研究职务调查、职务分析、职务评价和职务分级等活动的总称。职务分析是以组织各类员工的工作职务为研究对象，采用科学的方法，通过系统的职务调查和职务分析，编制工作说明书等人事文件，以及对职务的相对价值进行全面的测量和评价，为组织人员的招聘、考评晋升和调配等人力资源管理活动提供客观依据的过程。

目前国际上的习惯是把职务分析与工作分析等同起来。在系统掌握职务分析的基本原理和方法之前，必须对职务分析中的各种概念及相关术语加以说明，以下是对各种职务要素的说明：

职务：是组织体系中的一个基本因素，是任职者得以完成工作任务的一个平台，是任职者为实现组织的经营目标所必须完成的若干具体活动事项或若干相似职责、任务、责任的组合。

职责：即职务与责任的统一，职责是员工根据劳动分工的要求，在职责范围内应尽的义务，从时间和空间上所做出的限定。例如，某一编辑部主任有多项工作职责，其职责之一是定期对编辑部员工进行培训。这一职责则由若干任务组成：设计培训内容、编写培训资料、选择培训方法、具体培训、培训结果总结等。

职位：是组织体系中的一个元素，是职务平台上的一个岗位，是在一定时期内，组织要求个体一项或多项相互联系的职责的总称。例如，编辑部主任同时担负编辑部的人事调配、选题把关、审稿、日常行政事务处理等多项职责。一般而言，职位与个体是一一对应的，有多少职位就有多少人，两者数量相等。

职业：是在不同组织、不同时间从事相似活动的系列工作的总称。例如，工程师、经理人员、教师、医生等。工作和职业的主要区别是范围不同。工作的概念范围较窄，一般限于组织内；而职业的概念就比较宽泛了，往往指的是跨组织的。

职业生涯：职业生涯是一个人在其人生的工作生活中所经历的一系列职位、工作、职业等。

职权：是指在特定的职位上的任职者做决定、指挥他人工作以及发布命令的权利。

职称：是区分学术水平能力和工作成就的标志，具备条件的员工就应当被授予相应的职称。职称是一种资格，在通常情况下，资格是由资历和能力所组成的。资历通常与员工参加工作的时间有关，因此以资历为基础的晋升制度会导致组织缺乏发展活力或招致一些员工的不满。现代企业的人力资源管理所涉及的一些人事决策往往根据资历和能力两个方面来共同考核。

工作岗位：在特定的生产技术组织中，在一定时间内，由一名员工完成若干项工作任务，并具有一定的职务和责任、权限，就构成了一个工作岗位。

工作：①泛指体力和脑力劳动活动；②专指职业；③特指若干项专门任务。在岗位研究中，工作是由一组相近或相似的任务所组成的集合。

二、职务分析的作用

职务分析是组织人力资源管理工作中的一项非常重要的工作，它涉及多种重要的相关因素与活动，它与组织人力资源管理的各项管理工作之间存在着密切的联系（如图 3-1 所示）。职务分析的作用主要体现在以下几个方面：

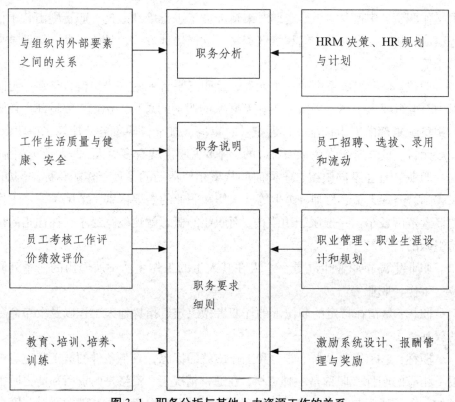

图 3-1　职务分析与其他人力资源工作的关系

（一）员工的招聘、选拔与录用

　　组织员工的招聘、选拔与录用是组织人力资源管理工作的关键工作之一。努力实现组织人力资源招聘、选拔和录用的科学化、规范化和系统化，对加强组织员工队伍建设、提高组织员工队伍素质、保证组织经营战略目标的顺利完成和推动组织发展，都有着十分重要的意义。职务分析是组织招聘、选拔和录用的基本前提。职务分析对某类工作的性质、特征以及担任此类工作应具备的资格、条件等都做了详尽的说明和规定，这就使得组织的人力资源工作有了明确的工作标准，组织在员工招聘、选拔和录用时可以根据职务分析的结果进行，这样就避免了工作的盲目性，可以达到事半功倍的效果。

（二）组织人员的定编和定员

一般而言，职务分析与组织结构的设置以及劳动定编和定员工作有着非常紧密的联系。定编是指按照一定的人力资源管理程序，采用科学规范的方法，从组织经营战略目标出发，合理确定组织机构的结构、形式、规模以及人员数量的一种管理方法。定员是在定编的基础上，严格按照组织编制和岗位的要求，为组织每个岗位配备合适人选的过程。在现代企业管理中，只有不断地加强定编定员工作，组织才能实现组织机构的精简与统一，才能避免人力资源的浪费，最终实现组织的经营战略目标。如果组织的定编定员工作没有实际的成效，组织里就很有可能出现机构臃肿、人员膨胀、效率低下、人浮于事的现象。

（三）劳动定额

所谓劳动定额，是组织在一定技术条件下，结合组织经营目标，采用多种方法对生产或完成某项工作或任务的劳动消耗所预计的限额。事实上，职务分析与劳动定额之间存在着许多共同点，职务分析的结果对劳动定额有着直接的影响。

（四）绩效考核

在现代企业管理中，职务分析是绩效考核的前提和基础。职务分析要为绩效考核制定必要的内容和指标体系，它要为绩效考核的评价标准的确定提供客观依据。通常而言，员工的绩效考核是按照一定的人力资源考核标准，采用科学规范的方法，对组织内的员工职业道德、工作能力、工作态度等方面所进行的全面的考察和评定。但绩效考核与职务分析的对象和目的并不完全相同。职务分析以职务为中心，分析和评价各个职务的功能和要求，明确每个职务的职责、权限以及承担该职务所必需的资历和条件，以便进行人力资源管理；而绩效考核以承担该职务的员工为中心，通过对其德、能、勤、绩等方面的综合评价，来判断他们是否适合该职位，并以此作为任免、培训、薪酬、奖惩的依据。

（五）职务培训

为了不断满足组织内的岗位需求，组织必须根据其经营战略，在适当时期对具有一定文化素质的在岗员工进行有针对性的专业知识和实际技能的培训。职务培训作为组织培训的重要组成部分，除具备员工培训的一般特征外，还有以下特点：①职务培训有很强的针对性和实用性，其根本目的是帮助组织员工获得必要的行业专业知识和专业技能，使其具备胜任本岗位工作的能力。②职务培训具有长期性、有效性和全员性的特点。组织为实现其战略目标，必须对组织内的员工进行长期有效的培训，只有这样，才能确保组织人力资源的核心价值及组织人力资源的难以模仿性。③职务培训的前提是岗位规范化。岗位规范包括岗位任职标准和岗位培训规范。

（六）员工积极性、主动性和创造性的培养

职务分析在调动员工积极性、主动性和创造性，提高组织劳动效率等方面具有重要作用。职务分析能够从根本上保证同工同酬，职务分析也能使员工明确自己的职责以及努力的方向，从而在具体工作中明确目标，服从领导安排，工作努力积极，不断开拓进取。

（七）劳动报酬

职务分析为组织贯彻按劳分配原则提供了可靠的保证。组织员工的报酬主要取决于其工作性质、技术难易程度、工作负荷和劳动条件等，职务分析正是从这些基本因素出发，建立一套完整的评价指标体系和评价标准，对组织内的各个岗位的相对价值进行衡量之后完成任务岗位分级等工作。这样一来，就很好地保证了岗位与劳动者之间的协调与统一，真正做到按劳分配。

（八）劳动组织

职务分析的重要作用在于通过岗位测定和分析，不断对岗位进行新的设计和改进，推动各岗位在劳动组织中的合理配置，促进劳动组织的科学化和规范化，保证生产过程的均衡性和协调性，实现劳动力与生产要素之间配置的合理性；同时，职务分析也有利于节约生产成本，不断提高组织劳动生产率。

三、职务分析的程序

（一）职务调查

职务调查是以工作岗位为对象，采用科学规范的调查方法，搜集各种与职务有关的信息和资料的过程。

职务调查的目的是搜集各种有关的数据、信息和资料，以便系统、深入、全面地对组织内的职务进行描述，为组织制定各种人力资源管理文件进行职务分析提供资料，并为改进职务设计提供必要的信息。

职务调查主要实现以下两个目标：一是了解担任本职务员工的基本情况，主要包括本岗位工作员工的职称、年龄、技术等；二是了解本职务的详细情况。包括本职务工作的名称、地点、性质、内容和程序，完成各项任务所需要的时间以及占工作日制度时间的比重，本职务的责任，承担本职务工作所需要的资历条件、身体条件，承担本职务的危险性、劳动强度等，本职务所使用的设备、工作复杂程度，本职务与其他职务之间的关系等。职务调查通常有以下方法：

1. 书面调查法

所谓书面调查就是利用调查表进行调查的方法（调查表如表 3-1 所示）。

表 3-1　职务分析调查表

姓名		性别		照片
出生年月		民族		
籍贯		婚姻状况		
参加工作时间		工作地点		
岗位编号		工作职务		
技术职称		学术团体		

	类别	学位	毕业时间	主修专业
教育背景	高中			
	大专			
	本科			
	硕士			
	博士			

工作目标	主要工作目标	其他工作目标
	1.	1.
	2.	2.
	3.	3.
	4.	4.
	5.	5.
	6.	6.
	7.	7.

工作基本情况	（简述你所从事的工作）		
	备注		

工作活动程序	活动名称	活动程序	活动依据
	1.		
	2.		
	3.		
	4.		
	5.		
	6.		
	7.		
	8.		

续表

工作时间安排	1.正常工作时间为每日 时开始至 时结束。					
	2.每周加班时间大约为 小时。					
	3.每日午休时间大约 小时， % 的情况下可以保证。					
	4.每周外出时间大约为 小时，占正常工作时间的 %。					
	5.每月出差大约为 次，每次出差大约为 天。					
	6.你所从事的工作是否比较繁忙？（是/否）					
	7.你在哪个工作时间段比较繁忙？					
	8.对你出差时使用的交通工具按照使用频率排序为					
	9.你是否在业余时间看书？（是/否）					
	10.你通常都看些什么书？					
	11.你用在学习上的时间每周大约为 小时。					
	12.其他需要补充说明的问题：					

	备注					
工作活动内容	名称	结果	占全部工作时间百分比（%）	权限		
				承办	需报审	全权负责

续表

工作基本特征	工作责任心	1. 对自己的工作结果基本不负责任。
		2. 只对自己的工作结果负责。
		3. 对整个部门的工作结果负责。
		4. 对自己的部门和相关部门负责。
		5. 对整个公司负责。
	权限	1. 在工作中时常做些小的决定，一般不会影响其他人。
		2. 在工作中时常做一些决定，对部分人员有影响。
		3. 在工作中时常做一些决定，对整个部门有影响，但不影响其他部门。
		4. 在工作中时常做一些比较重大的决定，对自己的部门和相关部门都产生影响。
		5. 在工作中时常做重大的决定，对整个公司都有重大影响。
	自由度	1. 有关工作的程序和方法均由上级部门详细规定，遇到问题时需要随时请示上级解决，工作结果需要上报上级审核。
		2. 分配工作时上级仅仅是指示要点，工作中上级并不随时指导，但遇到困难时可以直接或间接请示上级，工作结果要报上级审核。
		3. 分配任务时上级只说明要达成的任务或目标，工作的具体方法和程序均由自己决定，工作结果原则上仅接受上级审核；
	工作难易度	1. 完成本职工作的方法和步骤完全不相同。
		2. 完成本职工作的方法和步骤基本相同。
		3. 完成本职工作的方法和步骤有一半相同。
		4. 完成本职工作的方法和步骤大部分相同。
		5. 完成本职工作的方法和步骤完全相同。

续表

工作基本特征	工作信息	1. 在工作中所接触到的信息为原始的、未经加工处理的信息。
		2. 在工作中所接触到的信息为经过初步加工的信息。
		3. 在工作中所接触到的信息为经过高度综合的信息。
		备注：如出现多种情况，可以简单进行说明。
	工作资料	1. 在工作中经常用事实资料进行判断。
		2. 在工作中经常用事实资料和背景资料进行判断。
		3. 在工作中经常用事实资料、背景资料和模糊的相关资料进行判断。
		4. 在工作中经常用事实资料、背景资料、模糊的相关资料和难以确定的相关资料进行判断。
		备注：如出现多种情况，可以简单进行说明。
	工作计划	1. 在工作中没有计划。
		2. 在工作中需要做一定的计划。
		3. 在工作中需要做部门计划。
		4. 在工作中需要做公司整体计划。
		备注：如出现多种情况，可以简单进行说明。
	个人计划和规划	1. 日计划：
		2. 周计划：
		3. 月计划：
		4. 季度计划：
		5. 年度计划：
		6. 长期计划：
		7. 个人短期规划：
		8. 个人长期规划：
	资料机密程度	1. 在工作中所接触的资料属于公开性资料。
		2. 在工作中所接触的资料属于不可公开性资料。
		3. 在工作中所接触的资料属于机密资料，仅对中层以上领导公开。
		4. 在工作中所接触的资料属于公司高度机密，仅对少数高层领导公开。
		备注：如出现多种情况，可以简单进行说明。

续表

工作失误	经济损失	1.	
		2.	
		3.	
		4.	
	形象损失	1.	
		2.	
		3.	
		4.	
工作失误	管理损失	1.	
		2.	
		3.	
		4.	
	其他损失	1.	
		2.	
		3.	
		4.	
		备注	对损失按照轻、较轻、一般、较重和重分别具体标明。
	损失影响程度	1.损失不影响其他人的正常工作。	
		2.损失只影响本部门内少数人。	
		3.损失影响整个部门。	
		4.损失影响到其他部门。	
		5.损失影响整个公司。	
		备注	

续表

工作压力	1.工作中你是否要经常迅速作出决定？ 没有 很少 一般 较多 非常多		
	2.你手头的工作是否经常被打断？ 从来没有 很少 偶尔 经常		
	3.你的工作是否经常需要注意细节？ 没有 很少 偶尔 经常		
	4.你所处理的各项业务彼此是否相关？ 完全不相关 很少 一般 较多 完全相关		
	5.你的工作是否需要精力高度集中，如果是，约占你工作总时间的 %。		
	6.你的工作是否需要专业知识？ 不需要 很少 有一些 很多 非常多		
	7.你在工作中是否存在不舒服的感觉？ 没有 很少 偶尔 经常		
	8.你的工作是否具有创造性？ 没有 很少 有一些 很多 非常多		
	9.你的工作是否有压力？ 没有 很少 有一些 压力很大		
	备注		
任职资格	需要准备的文字资料	1.通知、便条	等级	频率
		2.简报		
		3.信函		
		4.工作报告		
		5.总结		
		6.公司文件		
		7.研究报告		
		8.合同文书		
		9.法律法规文件		
		10.其他		
	学历要求	1.初中		
		2.高中或中专		
		3.职专或大专		
		4.本科		
		5.硕士		
		6.博士		

续表

任职资格	相关培训	培训科目	培训内容	培训时间

	工作经历	所在单位		时间

	工作中遇到的困难		解决困难的方式	

任职资格	其他能力要求	名称	等级	需求程度
		1. 领导能力		
		2. 指挥能力		
		3. 协调能力		
		4. 沟通能力		
		5. 创新能力		
		6. 授权能力		
		7. 计划能力		
		8. 管理能力		

续表

任职资格	其他能力要求	9. 组织能力		
		10. 激励能力		
		11. 表达能力		
		12. 公关能力		
		13. 宣传能力		
		14. 写作能力		
		15. 判断能力		
		16. 谈判能力		
		17. 信息管理能力		
		18. 实施能力		
		19. 资源分配能力		
		20. 说服能力		
		21. 其他		
	备注			
任职资格要求	知识内容		等级	需求程度
考核	考核的角度		考核的标准	

续表

	你从事的工作哪些不合理？哪些需要改进？应如何改进？	
建议		
	你还有哪些问题需要进一步说明？	
备注	直接上级确认符合事实后签字： 签章：	
	如不符合事实，请说明。	

书面调查应注意以下几点：①调查表必须由专业人员进行设计。通常而言，调查表设计得是否科学直接影响调查结果的可靠性和准确性。②被调查人接到调查表后，应按照调查项目逐一进行填写。调查表的填写要求字迹工整，被调查者要如实进行填写。③要使书面调查和其他调查相结合，确保调查资料的完整和全面。

2. 实地观察法

实地观察法是调查者亲自到工作现场进行实地观察和测定的一种调查方法。现代企业常用的实地观察法有工作日写实和工时抽样等。人力资源管理人员在实地观察时，注意以下几个问题：①调查人员应对需要调查的事项按照 5W 原则 [5W 是指 why（为什么）、What（是什么）、Where（在哪儿）、Who（谁）、When（什么时候）] 进行考察；②调查人员应选择适当的时机进行观察，不要干扰员工的正常工作；③为了确保观察的准确性和全面性，应选择多个同类岗位进行观察。

3. 面谈法

面谈法就是调查人员深入基层，与员工面对面了解其岗位的有关情况的一种调查方法。通常而言，通过面谈不仅可以掌握更广泛的信息和更翔实的资料，而且还可以考证现有资料的真实性和可靠性。在面谈时，一定要注意以下几个方面：①面谈的对象不仅要选择同一职务的领导，更重要的是要同下级员工进行交流，只有在广泛了解的基础上，才能确保所得资料的真实性和有效性；②在进行面谈之前，一般要先列出面谈提纲，对所要调查的内容做到心中有数；③要在面谈的同时进行必要的记录；④要注意面谈技巧，尽量避免提问被调查者难以回答或不想回答的问题；⑤要注意选择面谈环境，要尽量营造一种良好的气氛，要使被调查者能够轻松、无拘束感地回答问题；⑥调查者对重大原则性问题，应避免发表个人看法；⑦在谈话过程中，要坚决避免命令式发问，要采用启发式的方法来提问。

职务调查时需要选择哪种方法，当事人应根据具体情况而定，如对重要职务进行调查，也可同时应用几种方法。

（二）职务设计

职务设计是规定某个职位的任务、责任、权力及其在组织中与其他职位之间关系的过程。职务设计与职务分析不同，职务分析是对现有职务的客观描述，职务设计是对现有职务的改进或对新职务的一种规定。

1. 职务设计要考虑的因素

通常而言，职务设计要考虑以下因素：

（1）劳动分工

随着信息技术和高科技的迅速发展，组织中的劳动分工越来越细化，越来越专业化。组织中的劳动分工是与一定的科技发展水平相适应的，科学规范的劳动分工能够大大提高组织的劳动生产率。在实际操作过程中，组织中的劳动分工应遵循需要和可能相结合的原则，从而保证每名员工有合理的足够的工作量。

（2）工作研究

现代企业对工作研究已经运用很多技术和方法，这些技术和方法已经成为工作设计的基础。在现代企业的工作研究中，大多都用到了标准时间、正常的工作速度和学习时间等概念。

标准时间：所谓标准时间，是指以标准绩效完成一项工作所需要的总时间，也就是通常所说的工时定额。标准时间是对一般人完成一项任务所需要的时间的估计，主要由作业时间和放宽时间组成。通常而言，标准时间也可以作为激励制度的依据或作为工作说明的一部分。

正常的工作速度：任何组织在进行工作设计时，都必须按照正常的工作速度来进行设计。假定人们经过一定的培训，具有完成任务所需要的技能和知识，能以标准时间完成一项任务，那么这就是正常工作速度。

学习时间：学习时间是影响工作效率的一个重要方面。学习时间的长短除与个人的素质有关外，还取决于所学技能的性质。

（3）工作满意度

通常而言，工作满意度对发挥员工积极性、主动性和创造性有着非常重要的作用。员工对工作是否满意，直接影响其对工作的兴趣以及工作效率。因此，任何组织都要重视员工对工作的满意程度。

2. 职务设计的基本内容

职务设计不仅有利于组织实现经营目标，也有利于组织调动员工的积极性、主动性和创造性。职务设计要注意三个方面内容的设计。

（1）工作内容的设计

组织内员工工作内容的设计是职务设计最重要的因素，它包括五个基本环节：①工作程序的自动自发性，即下级或个人具有对工作程序的自主权；②工作对象的整体性，即让员工感受到自己在完成一项有意义的工作；③工作技能的多样性，组织应进行多种不同的活动并充分发挥员工的各种技能，使其潜力得到最大的发挥；④工作地位的重要性，组织的工作要对员工具有很大的吸引力；⑤工作效果的反馈性，具有工作本身反馈和周围人的反馈。

工作内容的设计是一个有机联系的整体，要充分考虑各个因素之间的联系性，无论哪个要素受到影响，都会给整个工作内容的设计带来影响。因此，在工作内容设计时要综合考虑，尽量做到全面、完整。

（2）工作职能设计

组织的工作职能设计通常包括以下几个方面的内容：①工作责任要求。工作责任主要指工作任务的分配、工作职责范围以及与各项工作责任之间的关系等。②工作权限要求。通常而言，工作权限是与工作责任紧密联系的。③工作方法。工作方法主要是指组织内工作系统的控制、领导的工作方法以及下级的工作方法等。④信息沟通方式。信息沟通主要有垂直沟通、平行沟通和斜向沟通等多种方式。

（3）工作关系的设计

工作关系的设计主要包括两个方面：①部门与部门之间关系的设计，具体又可分为部门间在工作中的地位关系和协作关系两个方面。部门之间的关系主要有隶属关系、平行关系、斜向的职能管理关系等形式；②人与人之间的关系，主要包括个人在工作中与他人的关系和交往范围，以及能够提供给员工之间建立友谊的机会。

（三）职务评价

1. 职务评价的内容

通常而言，职务评价是在职务分析的基础上，按照一定的客观衡量标准，对职务的工作任务、繁简难易程度、责任大小，以及所需要的资格条件等方面进行的系统评价和比较。

在现代企业管理中，职务评价大致包含以下内容：①职务的名称和编号；②承担本职务的人员数量；③本职务所属的部门、组织和这些组织所具有的基本职能；④本职务以往工作人员的基本情况；⑤本职务承担的工作任务、主要项目和内容，使用的设备、工具，以及加工的产品；⑥本职务与其他职务之间的关系；⑦执行本职务所必须具备的条件（如表3-2所示）。

表3-2 执行本职务必备的条件

1. 本职务的责任。本职务在组织经营、科研、设计、检验、管理、设备、材料、工具、技术安全以及与他人的工作配合方面承担什么责任。
2. 知识准备。胜任本职务需要的知识有哪些，要从基础理论、专业技术工艺、组织管理、实际操作等方面进行详细的规定。
3. 胜任本职务的决策能力。本职务需要在哪些方面进行决策，决策有何困难。
4. 技术能力。胜任本职务需要具备的操纵和使用设备、工具、仪器仪表的能力。要明确设备和相关仪器仪表的复杂程度。
5. 胜任本职务所需要的实际工作经验。需要有什么样的工作实践经验，有多长时间的工作经验。

6.本职务对员工的生理条件是否有特殊的要求。
7.本职务定额定员的执行情况，现行劳动定额水平如何，在正常情况下员工的工作完成情况如何，效率如何。
8.本职务对其他职务的监督情况如何。在监督中有什么困难，程度如何。
9.本职务需要哪些专业性培训，培训的具体要求都有哪些。
10.本职务的劳动环境如何。
11.其他必备的条件。如组织能力、领导能力等。

2. 职务评价的指标

职务评价的指标是根据职务评价的要求，对影响职务的多种要素指标化。所谓指标是指标名称和指标数量。指标名称通常概括了事物的性质，指标数量通常反映了事物的数量特征。职务评价只有通过对职务的具体分析，将其主要影响因素分解成若干个指标，使职务抽象化、定量化，具有一定的可比性，这样才能确保职务评价的准确性与全面性。影响职务评价的指标主要有以下几个方面：

（1）劳动责任

劳动责任是指某职务在生产过程中的责任大小，主要反映该职务劳动者智力的付出和心理状态，劳动责任主要有以下几个方面：①质量责任；②产量责任；③看管责任；④安全责任；⑤消耗责任；⑥管理责任。

（2）劳动技能

劳动技能是指某职务在生产工具过程中对劳动者技术素质方面的要求，劳动技能主要包括以下几个方面：①技术知识要求；②操作的复杂程度；③看管和维护设备的复杂程度；④质量和品种的难易程度；⑤处理预防事故的复杂程度。

（3）劳动强度

劳动强度主要包括以下几个方面：①体力劳动强度；②工时利用率；③劳动姿势；④劳动紧张程度；⑤工作班制。

（4）劳动环境

劳动环境是指某职务的劳动卫生状况，主要是该职务中的有害因素对劳动者健康的影响程度。劳动环境大致要注意以下几点：①高温危害程度；②辐射危害程度；③粉尘危害程度；④噪声危害程度；⑤其他有害因素的危害程度。

（5）社会、心理因素

社会、心理因素指劳动者在社会中所处的地位和人与人之间的关系对劳动者在心理上的影响程度。

第二节 员工招聘

一、招聘概述

（一）员工招聘的含义

员工招聘是指组织为了发展的需要，根据工作分析和人力资源规划的数量和质量要求，寻找、吸引那些有能力又有兴趣到本企业任职的人，并从中选出合适的人予以录用的过程。它的实质就是让潜在的合格人员对本企业的相关职位产生兴趣并且前来应聘这些职位。

（二）员工招聘的过程

员工招聘的前提是人力资源规划。人们通过招聘环节了解企业，并决定是否为其服务。从企业的角度看，只有对招聘环节进行有效的设计和良好的管理，才能以较低的招聘成本获得高质量的员工。员工招聘的过程如下：

1.制订招聘计划

员工的招聘需求应根据企业的人力资源规划和用人部门的增员申请确定，保证人力资源的长期战略与用人单位的实际需要有机统一。招聘计划的编制是建立在人力资源规划和职务分析两项工作的基础的。为实现一定的战略目标，需要从招聘的职位、部门、数量、类型等多方面进行规范管理，也需要考虑企业中各职位的责任和所需要的资质、要求。在制订招聘计划后，还需要制定相应的执行方案，具体包括招聘人员的分工、招聘对象的来源、招聘的方法、测试的部门与招聘的预算等。

一般而言，一个完整的招聘计划应该包括以下几个方面的内容：

（1）招聘的指导思想

招聘计划应简要介绍招聘工作的指导原则、总体目标及意义，以统一思想、协调行动。

（2）列出人员需求清单

人员需求清单包括职位名称、任职资格、招聘方式、人数、日期等。

（3）确定招聘时间与地点

招聘时，要根据招聘对象的特点和资金的限制，合理选择发布信息的渠道和时间。

第一，招聘时间的确定。招聘时间的确定要考虑两个因素，即人力资源需求因素和人力资源供给因素。

从人力资源需求因素考虑，招聘日期的确定可用公式表示为：

招聘日期 = 用人日期 – 准备周期 = 用人日期 – 培训周期 – 招聘周期

从人力资源供给因素考虑，招聘时间主要是大中专学生毕业分配前的三四个月。

第二，招聘地点的选择。招聘的地域范围要根据人才分布规律、求职者活动范围、人力资源供求状况及招聘成本大小等确定。一般的招聘地域选择规则是：高级管理人员和专家在全国范围内招聘，专业人员跨地区招聘，一般办事员在企业所在地招聘。

（4）确定招聘小组成员

招聘不仅是人力资源管理部门的工作，用人部门及相关部门也应积极参与。在招聘过程中，人力资源部门和用人部门的招聘职责如表3-3所示。

表3-3　人力资源部门和用人部门的招聘职责

招聘阶段	人力资源部门的职责	用人部门的职责
招聘前期	拟订招聘计划，确定招聘方式，与相关人才机构联系，收集整理应聘材料	提供所需人员的岗位和数量及质量要求
招聘中期	根据应聘者的资料对应聘者进行初步筛选，组织笔试，组织面试及面试前培训，并参加面试	部门负责人参加面试
招聘后期	进行背景调查，确定录取名单，通知录用人员报到时间，进行岗前培训，总结招聘工作	确定录取名单

（5）提出考核方案

该环节是招聘计划中的核心要素，因为考核方案直接关系到招聘人员的质量。考核方案包括考核的场所布置、考核题目的设计及考核的时间和人员安排等。

（6）明确费用预算

招聘工作需要投入一定的费用，包括资料费、广告费等。在招聘计划中，应明确列出招聘工作的主要项目及与之相应的招聘费用，在保证质量的前提下，力争以较小的代价获得同样质量的人力资源。

（7）确定工作进度安排表

工作进度安排表是对整个招聘工作如何有效进行的一种安排，要尽可能详细到每一环节的具体开始日期、结束日期，并给出一些阶段性目标，以便相关人员配合。

2. 发布招聘信息

发布招聘信息的目的是吸引足够数量的应聘者以供筛选。如果在信息发布环节没有吸引到足够多的应聘者前来应聘，企业就无法展开正常的招聘工作，因此需要对这一环节进行管理。企业可以借助招聘收益金字塔这一工具来确定某个岗位需要吸引多少名应聘者才能从中选拔足够合格的员工。一般而言，经过层层筛选后留下的应聘者数量越多，招聘到合格员工的可能性越大；反之则越小。根据企业过去的经验，如果企业想最终招聘到 1 名合格的销售人员，至少需要有 20 个人递交求职申请表，而且需要有比 20 个人多得多的人知道发布的招聘信息，这就需要企业对该过程进行管理，以确保信息发布的成功。

3. 应聘者申请和对应聘者进行资格审查

这一环节主要包括求职申请表的设计、资格的审查和资格的确定三部分。

关于工作申请资格，一种策略是把申请的资格设定得比较高，申请的人少，并且组织需要再花费较多的时间与精力仔细挑选，这种策略往往应用于重要岗位的人员招聘；另一种策略是把申请资格设得比较低，使组织有更多的选择余地，也降低招聘的成本，当组织缺乏足够的招聘费用且招聘的工作岗位相对不是很重要时可以采取这种策略。

在审查求职申请表时，要估计背景材料的可信程度，注意应聘者以往经历中所任职务、知识、技能与应聘岗位间的关系，并且要分析其离职的原因和求职的动机。对于频繁离职、高职低求、高薪低就的应聘者要加以记录，以便在面试时针对性地进行了解。资格审查要有一定的剔除机制作用。

4. 人员甄选

人员甄选是指从对应聘者的资格审查开始，经过用人部门与人力资源部门共同的初选、面试、测试、体检、个人资料审核，到人员录用的过程。人员甄选是招聘工作中关键的一步，也是招聘工作中技术性最强的一步，因而其难度也是最大的。人员的甄选是一个复杂的过程，其质量取决于该过程中每一环节的工作质量，因此必须做好每一步工作，选择最恰当的方法，使每一步工作更富有成效。

具体方法如下：①通过初步的筛选和面试，剔除求职材料不实和工作经验与岗位要求明显不合格者；②根据测试结果剔除心理健康程度和能力明显不合格者，或按一定比例淘汰低分值者；③根据具体岗位需求剔除明显不匹配者，匹配分析贯穿于测试的全过程，不仅看重"选优"，更强调人岗匹配；④从剩余人员中挑选出身体状态符合岗位要求者。

5. 人员录用

录用决策包括发出录用通知、签订劳动合同及试用期的管理等。在录用决定做出后，马上通知应聘者。对未被录用的应聘者，人力资源部门应本着坦率、诚恳、善意的原则，给其发出拒绝录用的信息。在员工进入组织前，组织需要与其签订合同，合同可以起到对员工与组织双方共同的约束与保障作用。合同的内容包括试用的职位、期限、报酬与福利，在试用期应接受的培训，双方承担的义务和享受的权利，变更、解除和终止合同的条件，违约责任，劳动争议处理等。

合同签订后即具有法律效力，双方都要遵守。

员工进入组织后，组织要为其安排合适的职位，一般而言，员工职位是按照招聘的要求和应聘者的意愿来安排的。试用是对员工能力与潜力、个人品质和心理素质的进一步考核。

员工的正式录用即通常所说的"转正"，是指试用期满且试用合格的员工正式成为组织成员的过程。员工能否被正式录用，关键在于试用部门对其考核的结果，组织对试用员工的正式录用应坚持公平、择优录取的原则。在正式录用员工的过程中，用人部门和人力资源部门应完成以下主要工作：①试用期员工的考核鉴定；②根据考核情况做出正式录用决策；③办理正式录用手续；④制订员工发展计划；⑤为员工提供必要的帮助与咨询等。

（三）招聘过程中应注意的事项

招聘工作很容易出现失误，而出现失误会损害组织的声誉，因此应注意以下事项：①应聘者的申请书和个人简历必须按照规定的时间递交给招聘部门，以免丢失。②每个应聘者在招聘过程中的某些重要活动（如来公司面谈）必须按时记录。③组织应及时对应聘者的工作申请做出书面的答复，否则会给应聘者造成该组织工作不力或傲慢的印象。④应聘者和雇主关于就业条件的讨价还价应以公布的招聘规定为依据，并及时记录。否则，如果同一个应聘者在不同的时间或不同部门得到的待遇许诺相差很多，就必然会出现混乱。⑤没有接受组织提供的雇佣条件的应聘者的有关材料应保存一段时间。

（四）影响员工招聘的因素

企业在进行招聘时，既受到外部因素的影响，也受到内部因素的影响。

1. 外部因素

预期经济增长情况。最主要的是企业所在行业的经济增长情况，如果预计所在行业经济增长率将提高，那么其他相关企业对相关人力资源的需求就会增加，企业的相关人力资源就会减少。

该行业全国范围内的人才供需状况，全国范围内该职业从业人员的薪酬水平和差异。

全国相关专业的大学毕业生人数及分配情况等，各类学校的毕业生规模与结构。

教育制度变革产生的影响，如延长学制、改革教学内容等对劳动力供给的影响。

国家关于该类职业在就业方面的法规和政策。

外部人力资源供给的地域性因素。公司所在地的人力资源整体现状，包括人口密度；当地的就业水平、就业观念；尤其是有效的人力资源情况，如企业需要哪一类型的人才，这一类型人才的市场供给情况如何，其他企业对这一类型人才的需求如何。

企业所在地对人才的吸引程度，如企业所在地的居住环境（住房、交通、生活条件等）、地域文化，工作是否具有安全感，对各类人才是否具有包容性等。

企业自身对人才的吸引程度。企业的薪酬对人才的吸引程度怎样，企业能够提供的各种福利对人才的吸引程度如何，员工在企业工作的发展前景如何，企业目标是否与员工个人发展目标统一。

2. 内部因素

企业的形象及号召力。企业的形象好、品牌佳、号召力强，应聘者数量就多。

企业的发展前景。企业发展前景广阔，就能吸引更多的高素质人才来应聘。

福利待遇。福利待遇是影响招聘的重要因素，待遇好的企业对人才更有吸引力。

招聘的资金和时间约束。招聘的资金充足，招聘范围就可以更广，招聘渠道就可以更丰富，筛选手段就可以更多样化，就有利于保证人力资源的质量。招聘的时间则关系到招聘工作的安排、吸引人员的数量、挑选工作的从容性和精细化程度等。

（五）员工招聘的意义

员工招聘是随着雇佣关系的出现而在组织内出现的一种管理活动，员工招聘是人力资源管理中"获取"职能的具体体现。员工招聘的意义表现在以下几个方面：

1. 关系企业的生存与发展

在激烈竞争的社会里，没有高素质的员工队伍和科学的人事安排，企业将面临被淘汰的结果。员工招聘工作是确保员工队伍良好素质的基础。一个企业只有招聘到合格的人员，把合适的人安排到合适的岗位上，并在工作中注重员工队伍的培训和发展，才能确保员工队伍素质的不断提高。

2. 不断为组织充实人力资源，提高企业核心竞争力

企业要想在竞争激烈、风险巨大的市场中占有一席之地、求得发展，除拥有雄厚的资金和先进的技术以外，必须拥有一大批优秀的人才。企业经营战略发展的各个阶段都必须以合格的人才作为支撑点，为组织扩大经营规模和调整生产结构提供人力资源保证。

3. 为企业输入新生力量，带来新的活力

通过员工招聘，将新员工配备到已有的岗位，使其为企业注入新的思想，带来工作模式、管理与技术的创新，增强企业的创新能力。

4. 扩大企业的知名度，树立企业良好形象

员工招聘工作利用各种媒体将招聘信息发布出去，涉及的范围较广。利用大众媒体可以让外界更多地了解本企业，进而提高企业的知名度；此外，有的企业以高薪和大规模、高档次的招聘过程，来表明其实力和对人才的渴求，有利于树立良好的企业形象。所以，通过员工招聘活动，企业不仅可以获得所需要的人才，同时还可以进行对外宣传，向外界展示良好的企业形象。

5. 有利于人力资源的合理流动

员工流动的问题是当代企业面临的共性问题。企业有效的招聘系统，可以促进员工通过合理的流动，找到合适的岗位，达到能力与职位匹配，从而调动员工的积极性、主动性与创造性，实现职得其人、人尽其才。大量的统计资料表明，员工离职率最准确的预测指标是国家的经济情况。在工作充裕时，员工流动比率就高；在工作稀缺时，员工流动比率就低。一个企业要想永远留住自己所需要的人才是不现实的，也不是通过人力资源管理手段就能够控制的，再加上企业内部正常的人员退休、人员辞退以及人员的调动，使得员工招聘工作成为企业人力资源管理的经常性工作。

（六）工作申请表的设计和使用

应聘者在获取招聘信息后，可向招聘单位提出应聘申请。应聘申请有两种方式：一是应聘者通过信函向招聘单位提出申请，二是直接填写招聘单位设计的工作申请表。

1. 工作申请表的用途

一旦企业吸引来一批工作申请者，企业就开始进入筛选过程了。对企业而言，工作申请表是挑选过程的第一步。通过工作申请表，企业可以比较准确地了解应聘者的历史资料，包括教育经历、工作经历和个人爱好等信息。

一张填写完整的工作申请表可以使企业实现如下意图：①对一些客观的问题加以判断。如应聘者是否具备该职位所需要的工作经历和教育背景。②对应聘者过去的成长与进步情况加以评价。③从应聘者过去的工作记录中了解该应

聘者的工作稳定性如何，是否频繁地更换工作，更换工作的原因是什么。④运用申请表中的资料判断哪些应聘者更适合该项工作。

2. 工作申请表的内容设计

工作申请表没有固定的格式，其内容的设计要根据工作岗位的内容而定，设计时要注意有关法律和政策。工作申请表的内容应反映如下信息：①个人情况，包括姓名、年龄、性别、婚姻、地址及电话等。②工作经历，包括目前的任职单位及地址，现任职务、工资、以往的工作简历及离职原因。③教育与培训情况，包括最终学历、学位、所接受过的培训。④生活及个人健康情况，包括家庭成员，同本企业员工是否有亲属关系，健康情况等。

3. 利用工作申请表预测任职期

曾经有一项针对如何降低一家大型保险公司的人员流动率的研究。在这项研究开始时，这家公司一般员工的流动率高达48%。这就意味着在同时被雇佣的两名员工中，只有一位会留在公司继续工作12个月或更长的时间，另一位会在一年之内离开，流动率大约是50%。

研究者从某公司的人事部门取来160份一般员工的工作申请表，然后将它们分为在职时间长的员工工作申请表和在职时间短的员工工作申请表两类。结果他们发现，工作申请表中所反映的有些信息同员工的在职时间长短有高度的相关性。这样，他们就能够利用工作申请表来预测公司中哪些员工的在职时间会长一些，哪些员工的在职时间不会很长。

（七）招聘启事的撰写

招聘启事是企业招聘员工的重要工具之一，招聘启事传递给潜在应聘者的信息将影响应聘者的数量和未来的留用比率。招聘启事必须简明、新颖，主要内容包括以下几个方面：①简要介绍企业的基本情况，让应聘者对企业有一个大致的了解。②发布的招聘启事要经过审批。③按照工作说明书的核心要求，介绍招聘岗位的主要职责。④说明应聘岗位的基本条件，让应聘者很容易确认自己是否符合基本要求。此外，应聘条件应合理，条件太高会导致脱离企业的实际，条件太低会增加筛选的工作量和招聘的成本。⑤介绍录用后的相关待遇，具体包括薪酬、福利、培训、健康保障、休假等内容。待遇的介绍必须真实、客观；否则，即使招聘到合格的人才，也无法稳定地留住人才。⑥说明应聘注意事项，具体包括报名方式，需携带的证件和相关材料，报名时间、地点，联系人及联系方式等。

二、招聘的方式与渠道

（一）招聘的主要方式

员工招聘可以分为内部征招与外部招聘两种方式。

1. 内部征招

内部征招是吸引正在组织中任职的员工填补组织空缺职位的一种招聘方式。当企业内部职位发生空缺或企业因业务发展而需要增加人员时，采用内部晋升选拔有利于调动企业内部人员的积极性，给职工以更多的发展机会。由于是从内部人员中招聘，企业对员工较为了解，可减少招聘风险，招聘费用也低。内部征招主要包括以下三种方法：

（1）公告法

公告法是指在公开的场合公布有关职位空缺和招聘等内容告示，包括资格要求、工作名称、工作内容的简单描述和薪资等级等内容，保证信息被传递给组织中的每个成员，吸引组织中有资格和意愿的人员去应聘的一种内部征招方法。使用这种方法可以激励员工的工作积极性和奋发向上的精神。

（2）推荐法

推荐法是指组织内部或外部人员根据组织需要的岗位介绍而推荐其在该组织内所熟悉的合适人员，供用人部门的直线主管和人力资源部门进行考核与选择的一种内部征招方法。由于推荐者本人对被推荐者比较熟悉，对空缺职位的要求也比较了解；同时，被推荐者对本组织的文化、现状等也熟悉，因此成功的可能性比较大。采用推荐法需注意，应任人唯贤，不能任人唯亲。

（3）人事记录法

当组织内部提供的职位是基层管理职位，管理人员倾向于自己挑选候选人时，通常不用公告的方式而采用人事记录法。通过对员工资料档案的分析，可以了解员工的工作经历、知识结构、培训情况和业绩，同时还可以进一步发现员工的潜力，以及具备从事现有空缺职位工作的背景要求的情况。

2. 外部招聘

外部招聘是指从组织外部寻找、吸引求职者来填补空缺职位的一种招聘方式。在以下情况下，组织需要从外部招聘人员：①组织规模急剧扩张。由于组织要建立跨国公司或分公司等组织机构形式以适应组织发展，这时需要大量招聘员工。②业务范围扩大。由于组织多元化发展战略的需要或扩张产品线的需要而向外招聘员工。③组织变革。组织的发展受到发展周期的影响，出现活力不足或体制、文化僵化等问题，特别是高层管理者无法推动组织的变革时，需要从外部引入高级人才解决问题。

外部招聘的主要方式有自荐、员工推荐、广告招募、人才介绍机构招聘和网络招聘等。

（二）招聘的渠道

1. 招聘现场

现场招聘是企业和人才通过第三方提供的场地，进行面对面的直接对话，现场完成招聘面试的一种招聘方式。现场招聘一般包括招聘会及人才市场两种渠道。

招聘会一般由各种政府及人才介绍机构发起和组织，较为正规，同时，大部分招聘会具有特定的主题，如"应届毕业生专场""研究生学历人才专场""IT类人才专场"等，通过这种对毕业时间、学历层次、知识结构等的区分，企业可以很方便地选择适合自己的专场，设置招聘摊位进行招聘。对于这种招聘会，组织机构一般会先对入会应聘者进行资格的审核。这种初步筛选节省了企业大量的时间，方便企业对应聘者进行更加深入的考核。但是，目标人群的细分在方便了企业的同时，也带来一定的局限性。例如，如果企业需要同时招聘几类人才，那么就要参加几场不同的招聘会，这在另一方面也增加了企业的招聘成本。

人才市场与招聘会相似。但招聘会一般为短期集中式，且举办地点一般为临时选定的体育馆或大型广场；而人才市场则是长期分散式，同时地点也相对固定。因此，对于一些需要进行长期招聘的职位，企业可以选择人才市场这种招聘渠道。

现场招聘不但可以节省企业初次筛选简历的时间成本，而且相比其他招聘方式,它所需的费用较少。但是现场招聘也存在一定的局限性:首先是地域性,现场招聘一般只能吸引到所在城市及周边地区的应聘者;其次,现场招聘会受到组织单位的宣传力度和组织形式的影响。

2. 网络

网络招聘一般指企业在网上发布招聘信息,甚至在网上进行简历筛选、笔试、面试。企业通常可以通过两种方式进行网络招聘:一是在企业自身网站上发布招聘信息,搭建招聘系统;二是与专业招聘网站合作,如中华英才网、前程无忧、智联招聘等,通过这些网站发布招聘信息,利用专业网站已有的系统进行招聘活动。

网络招聘没有地域限制,覆盖面广,受众人数大,而且时效较长,可以在较短时间内获取大量应聘者信息;但是其中有许多虚假信息和无用信息。因此,网络招聘对简历筛选的要求比较高。

3. 校园

校园招聘是许多企业采用的一种招聘方式,企业到学校张贴海报,进行宣讲会,吸引即将毕业的学生前来应聘。对于部分优秀的学生,可以由学校推荐给企业;对于一些企业需要的较为特殊的人才,可委托学校培养。

校园招聘的学生可塑性较强,干劲充足。但是这些学生没有实际工作经验,需要接受一定的培训才能真正开始工作,且不少学生刚步入社会,对自己的定位还不清楚,因而工作的流动性也可能较大。

4. 传统媒体广告

在报纸杂志、电视和电台等媒体上刊登或播放招聘信息,受众面广、收效快、过程简单,一般会收到较多的应聘资料,同时也对企业起了一定的宣传作用。通过这一渠道应聘的人员分布广泛,但高级人才很少采用这种求职方式。所以,招聘企业中基层和技术职位的员工时比较适用。此外,该渠道的效果会受到所采用媒体的影响力、覆盖面、时效性的影响。

5. 人才介绍机构

人才介绍机构一方面为企业寻找人才,一方面也帮助人才找到合适的雇主。人才介绍机构一般包括针对中低端人才的职业介绍机构和针对高端人才的猎头公司。企业通过这种方式招聘是最为便捷的,因为企业只要把招聘需求提交给人才介绍机构,人才介绍机构就会根据自身掌握的资源和信息寻找和考核人才，并将合适的人员推荐给企业。但是这种方式所需的费用也相对较高。

三、招聘评估

招聘评估主要指对招聘的结果、招聘的成本和招聘的方法等方面进行评估。一般在一次招聘工作结束之后，要对整个招聘工作做一个总结和评价，目的在于进一步提高下一次招聘工作的效率。招聘评估大体上分为对招聘结果的评估、对招聘方法的评估和对招聘工作的评估三个部分。

（一）招聘评估的作用

招聘评估的作用，具体体现在以下几方面：

1. 有利于节省开支

通过招聘评估中的成本与效益核算，招聘人员能够清楚费用支出情况，对于其中非应支项目，在今后的招聘中加以去除，因而有利于节约将来招聘支出。

2. 能够检验招聘工作的有效性

通过招聘评估中录用员工数量评估，招聘人员可以分析招聘数量是否满足原定的招聘要求，及时总结经验（当能满足时）和找出原因（当不能满足时），从而改进今后的招聘工作，为人力资源规划修订提供依据。

3. 能够检验招聘工作成果与方法的有效性程度

通过对录用员工质量评估，招聘人员可以了解员工的工作绩效、行为、实际能力、工作潜力与招聘岗位要求的符合程度，从而为改进招聘方法、实施员工培训和为绩效评估提供必要的、有用的信息。

4. 有利于提高招聘工作质量

通过招聘评估中招聘信度和效度的评估，招聘人员可以了解招聘过程中所使用的方法的正确性与有效性，从而不断积累招聘工作的经验，提高招聘工作质量。

（二）对招聘结果的评估

招聘结果评估即招聘工作中的各项支出评估。人员招聘的总成本包括有形成本和无形成本。因为无形成本在实际工作中很难计量，通常把它们略去不计。

但是在总体上评估人员招聘成本时，应当包括这些成本，这样才能对企业的招聘工作做出客观、公正的评价。

1. 成本效益评估

（1）成本效用评估

成本效用评估经常用的公式为：

总成本效用 = 录用人数 ÷ 招聘总成本

招募成本效用 = 应聘人数 ÷ 招募期间的费用

选拔成本效用 = 被选中人数 ÷ 选拔期间的费用

人员录用效用 = 正式录用的人数 ÷ 录用期间的费用

（2）招聘成本

招聘成本分为招聘总成本和招聘单位成本。招聘总成本是人力资源的获取成本，招聘单位成本是招聘总成本与实际录用人数之比。招聘成本评估常用的公式为：

招聘总成本 = 招聘直接成本 + 招聘间接费用

招聘直接成本 = 招募费用 + 选拔费用 + 录用员工的家庭和工作安置费用 + 其他费用（差旅与招待费用）

招聘间接费用 = 内部提升费用 + 工作流动费用

招聘单位成本 = 招聘总成本 ÷ 实际录用人数

（3）招聘收益 – 成本比

评估招聘收益 – 成本比的公式为：

招聘收益 – 成本比 = 所有新员工为组织创造的总价值 ÷ 招聘总成本

2. 录用人员评估

录用人员评估是指根据招聘计划对录用人员的数量和质量进行评价的过程。在大型招聘活动中，录用人员评估显得十分重要。如果录用人员不合格，那么招聘过程中所花的时间、精力、金钱都被浪费了。只有招聘到数量和质量都合格的人员，才能说全面完成了招聘任务。

（1）对录用人员数量的评估

评估数量合理与否的标准有以下几个：①录用比。该比率越大，说明可供筛选者越少，实际录用员工的质量可能较低。②招聘完成比。该比率越小，说明招聘员工数量越不足，如果该比率为100%，则意味着企业按计划招聘到了所有需要的员工。③应聘比。该比率说明员工招聘的挑选余地和信息发布的状况。该比率越大，说明组织的招聘信息发布越广、越有效，组织的挑选余地就越大。一般而言，应聘比应当在 200% 以上。

（2）对录用人员质量的评估

除了用录用比和应聘比这两项数据来反映录用人员的质量外，也可以根据招聘的要求或工作分析中的要求对录用人员进行等级排列以确定其质量。

（三）对招聘方法的评估

对招聘方法的评估主要包括信度评估和效度评估两大类。信度和效度是任何一种测试方法都要涉及的基本问题，只有信度和效度达到一定水平的测试，其结果才能作为录用决策的依据。

1. 对招聘信度的评估

评估信度的方法主要有以下几种：

（1）再测信度评估

它主要侧重考虑测评跨时间的一致性和稳定性。

（2）复本信度评估

复本信度又称等值性系数，是以两个测评复本（功能等值而题目及内容不同）来测评同一群体，然后求得在这两个测评上得分的相关分数。复本信度评估侧重考虑测评跨形式的一致性和等值性。

（3）内部一致性信度评估

内部一致性信度又称同质性信度，是指一个测评或分测评中各题目所测内容的一致性。同质性是保证只测评单一特质的必要条件。

（4）评分一致性信度评估

它主要是考虑评分者的误差。评分越一致，评分者信度越高。评分者信度的估计与评分者人数的多少有关。

2. 对招聘效度的评估

评估效度的方法主要有以下几种：

（1）内容效度评估

内容效度是指测评题目对预测的内容或行为范围取样的适宜性程度。它依赖于两个条件：测评内容范围明确和测评内容的取样具有代表性。考虑内容效度时，主要考虑所用的方法是否与所选测试的特性有关，如在招聘市场营销人员时，测试语言表达能力、倾听能力、沟通能力和自信心等内容的效度是较高的。内容效度多应用于知识测试与实际操作测试，而不适用于对能力和潜力的测试。

（2）构想效度评估

构想效度表示一个测评是否达到了对某一理论概念或特质的测量。在对员工测试时，是指对员工实施某种测试，然后将测试的结果与员工的实际工作绩效考核得分进行比较，如果两者的相关系数很大，则说明效度很高。构想效度评估的特点是省时，可以尽快检验某测试方法的效度，但将其应用到人员的选拔测试时，可能会受到其他因素的影响而无法准确判断应聘者未来的工作潜力。例如，这种效度是根据现有员工测试得出的，而应聘者由于缺乏这种知识经验而在测试中无法得到高分，从而认为该应聘者没有潜力；然而，经过一段时间的培训，该应聘者也可能会成为称职的员工。

（3）效标关联效度评估

效标关联效度又称预测效度，是指一个测评对处于特定情境中的个体行为进行预测的有效性。在这里，被预测的行为是检验测评效度的标准，简称效标。在人员的选拔过程中，预测效度是考虑选拔方法是否有效的一个常用指标。我们可以把应聘者在选拔中得到的分数与他们被录取后的绩效分数相比较，两者的相关性越大，则说明所选的测试方法越有效，以后可据此法来评估、预测应聘者的潜力；如果相关性很小或不相关，则说明效果不好。

（四）对招聘要项的评估

对招聘要项的评估是判断招聘工作质量的另一个重要指标。具体而言，招聘要项评估包括人员征招工作评估和人员甄选工作评估。

1. 人员征招工作评估

人员征招工作的成果就是寻找或吸引到一定数量和质量的求职者。因此，对人员征招工作的评估主要有两方面的内容，即量的评估和质的评估。

对人员征招工作量的评估一般利用在一定时间内前来交谈询问的求职者人数，主动填写或递交求职材料的求职者人数，以及经初步审查认为应聘条件合格的求职者人数等数据作为评估指标。如果征招来的求职者越多，企业就越有可能招聘到所需人员；相反，如果前来应聘的求职者数量很少，就可能无法完成招聘的任务。

对人员征招工作质量的评估一般采用的指标包括在不同甄选阶段被选出的人数和最终被录用的人数。因为企业即使征招到了许多求职者，但如果在人员甄选过程中发现这些求职者大多是不合格的，那么这次人员征招工作也可能是失败的。只有证明很多求职者是合格的，才能说明人员征招阶段的工作是成功的。

2. 人员甄选工作评估

人员甄选工作的评估也有两个方面的内容：一是效率评估，二是正确率评估。效率评估主要看人员甄选工作的进度和每个阶段的产出率，人员甄选工作的进度越快，时间越短，新员工走上工作岗位就越及时，发挥作用也就越快。而正确率的评估主要是看测试方法的效度和信度，这是加强和改进人员甄选工作的重要依据。如果某种测试方法的信度和效度不高，在人员甄选过程中就容易将优秀人才淘汰，而将不合格的人招进来。因此，企业不仅在人员甄选前要进行测试方法的效度和信度检验，选择效度和信度较高的测试方法，在人员甄选结束后还要对之进行评估，以便在以后的工作中对测试方法进行改进或淘汰。在做完以上工作之后，就要撰写招聘总结了。招聘总结由招聘主要负责人撰写，并要真实地反映招聘的全过程，明确指出招聘的成功之处和失败之处。

第三节　员工培训

一、员工培训概述

（一）员工培训概念

培训是给新员工或现有员工传授其完成本职工作所必需的基本技能的过

程。员工培训是组织通过学习、训导的手段提高员工的工作能力和知识水平，促进员工的潜能发挥，在最大程度上使员工的个人素质与工作需求相匹配，进而提高员工现在和将来的工作绩效。严格地讲，培训开发是一个系统化的行为改变过程，这个行为改变过程的最终目的就是通过工作能力、知识水平的提高以及个人潜能的发挥，明显地表现出工作上的绩效特征。工作行为的有效提高是培训与开发的关键所在。

在传统意义上，培训侧重于近期目标，将重心放在提高员工当前工作的绩效上，从而提高员工的技术性技巧，以使他们掌握基本的工作知识、方法、步骤和过程；开发则侧重于培养管理人员的有关素质（如创造性、综合性、抽象推理、个人发展等），帮助员工为企业的其他职位做准备，提高其面向未来职业的能力，同时帮助员工更好地适应由新技术、工作设计、客户或产品市场带来的变化。培训通常侧重于提高员工当前工作绩效，因此员工培训具有一定的强制性；而开发活动只是针对被认定具有管理潜能的员工。

（二）员工培训的作用

企业在面临全球化、高质量、高效率的工作挑战时，培训显得更为重要。培训使员工的知识、技能与态度有了明显提高与改善，由此提高企业效益，获得竞争优势。具体体现在以下几个方面：

1. 有助于提高企业经营绩效

员工培训的直接目的是要发展员工的职业能力，使其更好地胜任现在的日常工作及未来的工作任务。在能力培训方面，传统的培训一般把重点放在基本技能与高级技能两个层次上，但是未来的工作需要员工具有更广博的知识，要使员工学会知识共享，具备创造性地运用知识来调整产品或服务的能力。有效的培训与开发能够帮助员工提高本身的知识技能，改变员工对工作的态度，增进员工对企业战略、经营目标、规章制度、工作标准等的理解和接受，提高员工的工作积极性，从而改善员工的工作业绩，进而促进企业整体绩效的提高。

2. 有助于增进企业的竞争优势

目前，人类社会已经步入以知识经济资源和信息资源为重要依托的新时代，智力资本成为获取生产力、竞争力和经济成就的关键因素。企业的竞争不再依靠自然资源、廉价的劳动力、精良的机器和雄厚的财力，而主要依靠知识密集型的人力资本。美国的一项研究资料表明，企业技术创新的最佳投资比例是 5 ：5，即"人本投资"和硬件投资各占 50%。在同样的设备条件下，增加"人本投资"，最高可达到 1 ：8 的投入产出比。员工培训是创造智力资本的途径，智力资本包括基本技能（完成本职工作的技术）、高级技能（如运用科技与其他员工共享信息、了解客户和生产系统）以及自我激发创造力。因此，这就要求树立一种新的适合未来发展与竞争的培训观念，提高企业员工的整体素质，为企业获取持续的竞争优势。

3. 有助于培育企业文化

企业文化是企业的灵魂，它是一种以价值观为核心对全体职工进行企业意识教育的微观文化体系。良好的企业文化对员工具有强大的凝聚、规范、导向和激励作用，在企业文化的构建过程中使员工拥有共同的价值观念和道德准则，而培训开发中的教育和宣传是一种非常有效的手段。对企业文化的认同，不仅会使企业管理人员和员工自觉学习掌握各种知识和技能，而且会增强其主人翁意识、质量意识和创新意识，从而展现出敬业精神、革新精神和社会责任感，形成一种良好的文化氛围。

4. 有助于提高员工的满意度

对员工适时的培训开发不仅可以提高员工本身的能力，有助于其在现在或将来的工作中进一步提升，满足员工的成就感，而且可以使员工感受到企业对他们的关心和重视，提升员工的归属感。有资料显示，百事可乐公司对深圳 270 名员工中的 100 名进行了一次调查，这些人几乎全部参加过培训。其中 80% 的员工对自己从事的工作表示满意，87% 的员工愿意继续留在公司工作。由此可见，培训不仅提高了职工的技能，而且提高了职工对自身价值的认识。

（三）员工培训的原则

1. 广泛性原则

企业员工培训网络应有广泛的涉及面，不仅中高层管理者需要培训，而且一般员工也需要培训。员工培训的内容应涉及企业经营活动或将来需要的知识、技能以及其他问题，而且员工培训的方式与方法也具有更大的广泛性。

2. 层次性原则

员工培训网络的深度，也是培训网络现实性的具体表现。企业战略不同，培训的内容及重点也不同，而且具有不同知识水平和不同需要的员工，所承担的工作任务不同，知识和技能需要也不同，需要设计不同的员工培训方案。

3. 实用性原则

员工的培训投资应产生一定的回报。员工培训系统要发挥其功能，即培训成果转移或转化成生产力，并能迅速促进企业竞争优势的发挥与保持。根据该原则，企业应做到如下几点：①应设计合理的培训项目，使员工所掌握的技术、技能、更新的知识结构能适应新的工作。②应让受训者获得实践机会，为受训者提供或其主动抓住机会来应用培训中所学的知识、技能和行为方式。③为培训成果转化创造有利的工作环境，构建学习型组织。

4. 长期性和适应性原则

随着科学技术的日益发展，人们必须不断接受新的知识。任何企业对其员工的培训都是长期的。许多培训是随企业经营环境的变化而设置的，如为改善经济技术指标急需掌握的知识和技能，以及为掌握已决定进行的攻关课题、革新项目急需的知识和技能，为强化企业内部管理急需掌握的管理基本技能等。

（四）员工培训应注意的问题

一些企业在员工培训上花了许多时间、精力和成本，最终效果却不佳，这往往与企业的培训理念有关。企业想要使培训有效，就需要坚持以下几个理念：

1. 企业培训应与企业的战略紧密结合

企业的培训部门应对企业的战略、愿景、规划有深刻的认识，围绕企业的战略来制订培训计划，在培训的各个环节体现企业的经营战略脉络，使培训服务于企业的战略。

2. 培训应有前瞻性，做好人才储备

员工培训是一个持续的过程，培训在短期内能够提高员工的工作技能，长期进行则有利于员工的职业发展和开发。因此，企业需要了解受训员工目前和未来的需求，有针对性地开展培训工作。

3. 培训体系建立应与企业所处的发展阶段相适应

企业的发展可以分为初创期、成长期、成熟期和衰退期四个阶段，每个阶段对员工的要求都不同。在初创期，企业需要将所倡导的经营理念和价值观传递给每一个员工，使员工能够与企业朝着共同的方向前进。在成长期，需要注

重对中层管理人员的培训，这一部分员工是企业顺利成长的关键。在成熟期，企业的各项管理制度趋于完善，需要一个完整的培训体系。在衰退期，为了提高企业的生存活力，就需要进行创新培训，扭转衰退的趋势。

4. 培训既要有全面性，又要有对核心人才的侧重性

企业的培训既要考虑覆盖所有的员工，又要重点照顾关键员工和核心人才，即用 80% 的资源去培训 20% 有潜力的员工，使培训的效益最大化。

5. 注重中高层的沟通培训

通过沟通培训，提升中高层管理者的决策能力和执行能力。高层和中层管理者共同参与培训，可以使高层与中层实时沟通、分享灵感，真正实现信息零衰减。在培训中，需要注意：①高层和中层分别对执行力进行诊断分析；②在培训专家引导下各自分析高层和中层对执行力的诊断；③培训专家点评，并提出解决问题的思路，以此加强中高层管理者的沟通。

6. 做好培训成本控制

培训成本属于企业人力资源成本中的开发成本，是企业培训新进员工或一些老员工所要付出的人力、物力、财力的总和。培训成本控制应遵循一个从决策、执行、检查反馈到改进提高的过程。

7. 做好培训跟踪

培训跟踪是培训流程中的最后一个环节，它是组织管理中对培训工作修正、完善和提高的重要手段，也是员工培训流程必不可少的组成部分。重要的培训跟踪至少有三项，包括培训知识转换效果、培训技能转换效果、培训后工作效率提高比率。而这些都不是在培训结束后就能马上体现出来的，必须经过时间检验才能判断，而且在很大程度上与企业是否重视和是否跟踪落实培训效果有关。

8. 培训是激励，不是福利

组织培训的目的，不是让员工认为组织对员工的培训是应该的，是企业欠员工的。企业对员工的内部培训和外部培训都是有一定成本的。企业应让员工觉得，自己通过培训学到了东西，提高了水平，所以要带来更高的工作绩效。培训要成为激励因素而不是保健因素。从要求员工来听课，变为员工自己要听课，变福利为激励。

二、员工培训流程

培训工作流程就是企业实施培训活动的有序排列。培训项目的全过程，按时间顺序应包含培训需求分析、培训计划和方案设计、实施培训计划、效果评估与反馈四个部分。

（一）培训需求分析

在员工的培训过程中，许多企业管理者都能凭借直觉来确定员工需要学习什么。然而，如果单纯地采取一种非正式的、直觉性的方法进行判断，就很可能会遗漏一些重要的问题。因此，绝大多数经验丰富的人力资源管理者都会首先进行培训需求分析。

1. 培训需求分析的作用

从整体上而言，培训需求分析对培训过程具有较强的指导性。培训需求分析是现代培训活动过程中的首要环节，是培训评估的基础。培训需求分析具有以下作用：

（1）有利于找出差距确立培训目标

在进行培训需求分析时，应从绩效差距入手，从绩效差距中找出员工素质能力的短板，或是企业战略和企业文化需要的员工能力与员工实际能力之间的差距，从而确定能否通过培训手段消除差距，提高员工生产率。员工绩效差距的确认一般包括三个环节：①明确培训对象目前的知识、技能、能力水平；②分析培训对象理想的知识、技能、能力模型；③对培训对象理想的和目前的知识、技能、能力水平进行对比分析。

（2）有利于找出解决问题的方法

解决需求差距的方法较多，既有培训方法，又有与培训无关的方法，如人员变动、工资增长、新员工的吸收等，也可多种方法综合使用。企业面临的问题复杂多变，因此制定多样性的培训策略是必不可少的。

（3）有利于进行前瞻预测分析

企业的发展过程是一个动态的过程，当组织发生变革时，培训计划也必须进行相应的调整。这种变革涉及培训内容、培训方法、培训程序和培训人员。

（4）有利于进行培训成本的预算

进行培训需求分析时，要找到解决问题的方法，培训管理人员才能把成本因素引入培训的需求分析，进行培训成本的预算，将不进行培训所造成的损失与进行培训的成本之间进行对比。

（5）有利于促进企业各方达成共识

通过培训需求分析，可以收集制订培训计划、选择培训方式的大量信息，以确保为培训对象、目标、内容、方式提供依据，促进企业各方达成共识，有利于培训计划的制订与实施。

2.培训需求分析层次

不同层次的员工对培训需求也有所差异。高层有战略的需求，中层有管理的需求，基层有业务的需求。所以，用同一种方法去做不同的事情，效果甚微。只有用不同钥匙开不同的门，这样的培训需求才更具针对性。完整、科学的培训需求分析将确保工作、绩效、培训高度契合。培训的需求分析应从以下三个方面入手：

（1）组织分析

组织分析主要分析三个问题：①从战略发展高度预测企业未来在技术、销售市场及组织结构上可能发生什么变化，对人力资源的数量和质量的需求状况进行分析，确定适应企业发展需要的员工能力。②分析管理者和员工对培训活动的支持态度。大量研究表明，员工与管理者对培训的支持是非常关键的。受训者的上级、同事对其受训活动要持有积极态度；受训者将通过培训所学到的知识运用于实际工作之中的概率较高等。③对企业的培训费用、培训时间及培训相关的专业知识等培训资源的分析。企业可在现有人员技能水平和预算基础上，利用内部人员对相关的员工进行培训。如果企业缺乏必要的时间和专业能力，也可以从专业公司购买培训服务。目前已有越来越多的企业通过投标的形式来确定为本企业提供培训服务的供应商或专业公司。

对上述问题和特性的了解，将有助于管理者及培训部门全面真实地了解组织。

（2）工作分析

工作分析的目的在于了解与绩效问题有关的工作的详细内容、标准和达成工作所应具备的知识和技能，它适用于新员工的培训需求分析。工作分析的结果也是将来设计和编制相关培训课程的重要资料来源。工作分析需要富有工作经验的员工和专家参与，以提供完整的工作信息与资料。

工作分析的具体流程如下：①可以对员工的工作过程进行反复观察，特别是操作性、重复性较强的工作，以确认工作说明书中的工作任务、工作技能要求是否符合实际。②尽量利用有相关工作经验人员的智慧。例如，与有经验的员工、离退休人员、部门主管以及制定工作说明书的部门负责人进行访谈，以对工作任务和所需技能进行进一步确认。③可以让权威人员来对工作分析的结论进行认证。向专家或组织顾问委员会提出求证，以确定任务的执行频率，完成每一项任务所需的时间、完成的关键、完成任务的质量标准、完成任务的技能要求及规范的操作程序等。经过这样的程序，对工作任务及所需知识、技能的确认才能更科学、准确。

在工作分析之后，需要对员工的胜任力进行分析。可通过胜任素质模型将某一职位所需具备的各种胜任素质（知识、技能行为等）整合在一张图上。如图3-2所示。

图 3-2　描述性人力资源经理胜任素质模型

金字塔顶层部分的内容说明，企业希望人力资源经理扮演四种角色——直线职能、参谋职能、协调职能、战略性职能。金字塔顶层的下一层说明，为了胜任上述角色，人力资源经理必须精通哪些领域。最下面一层则说明，人力资源经理如果想成为上述各个领域中的专家，并且胜任那四种角色，必须具备的一些基本胜任素质。对于人力资源经理而言，这些胜任素质包括人际关系能力（如沟通能力）、业务管理能力（如财务分析能力）以及个人能力（如展现出建立在证据基础之上的良好判断力）。

（3）员工绩效分析

员工绩效分析是一个确认员工是否存在绩效缺陷并且判断这种绩效缺陷能否通过培训或其他手段来加以解决的过程，主要是通过分析员工个人现有绩效状况与应有绩效状况之间的差距，来确定谁需要或谁应接受培训以及培训的内容。员工绩效分析适用于在职员工培训需求的分析。员工绩效分析的途径包括以下几个方面：①绩效评价情况；②与职位相关的绩效数据（包括生产率、缺勤率和迟到情况、争议、浪费、交货延期、停工期、维修、设备利用以及客户投诉等）③员工的直接上级或其他专家观察到的情况；④对员工本人或者其直接上级进行的访谈；⑤对工作知识、技能以及出勤状况等所做的测试或考察；⑥员工态度调查；⑦员工个人的工作日志；⑧评价中心的评估结果；⑨具体的"绩效差距"分析软件。

员工出现绩效差距的原因有两方面：一方面是员工不会做，即员工可能不知道自己应做什么，或者企业的绩效标准不明确，在工作中缺乏必要的工作协助，或者员工所受培训不足等；另一方面是员工不愿意做，这时则需要通过培训来改变员工的工作态度。

（二）培训计划和方案设计

在培训需求分析之后，企业管理人员需要设计培训计划和方案，其中包括：①制订培训目标；②选择设计适当的培训项目；③确定培训对象；④确定培训项目的负责人，包含组织的负责人和具体培训的负责人；⑤确定培训的方式与方法；⑥选择培训时间和地点；⑦根据既定目标，确定培训形式、学制、课程设置方案、课程大纲、教科书与参考教材、培训教师、教学方法、考核方法、辅助器材设施等。

1. 培训目标的确定

确定培训目标会给培训计划提供明确的方向。有了培训目标，才能确定培训对象、内容、时间、教师、方法等具体内容，并在培训之后对照此目标进行效果评估。确定了总体培训目标，再把培训目标进行细化，就成了各层次的具体目标。目标越具体，就越具有可操作性，也就越有利于总体目标的实现。

2. 培训内容的选择

一般而言，培训内容包括三个层次，即知识培训、技能培训和素质培训。知识培训是企业培训中的第一个层次。员工听一次讲座或者看一本书，就可能获得相应的知识。知识培训有利于员工理解概念，增强对新环境的适应能力。技能培训是企业培训中的第二个层次。招进新员工、采用新设备、引进新技术等都要求进行技能培训，因为抽象的知识培训不可能使员工立即适应具体的操作。素质培训是企业培训中的最高层次。素质高的员工即使在短期内缺乏知识和技能，也会为实现目标有效、主动地进行学习。究竟选择哪个层次的培训内容，是由不同受训者的具体情况决定的。一般而言，管理者偏向于知识培训和素质培训，一般职员偏向于知识培训和技能培训。

3. 培训师的确定

培训资源可分为内部资源和外部资源。内部资源包括企业领导、具备特殊知识和技能的员工，外部资源是指专业培训人员、公开研讨会或学术讲座等。外部资源和内部资源各有优缺点，应根据培训需求分析和培训内容来确定。

4. 培训对象的确定

企业应根据培训需求、培训内容，确定培训对象。岗前培训是向新员工介绍企业规章制度、企业文化、岗位职责等内容，使其迅速适应环境。对于即将转换工作岗位的员工或者不能适应当前岗位的员工，可以进行在岗培训或脱产培训。

5. 培训日期的选择

通常情况下，有下列四种情况之一时就需要进行培训：①新员工加盟企业；②员工即将晋升或岗位轮换；③环境的改变要求不断地培训老员工；④满足发展的需要。

6. 培训方法的选择

企业培训的方法有很多种，如讲授法、演示法、案例分析法、讨论法、视听法、角色扮演法等。各种培训方法都有其自身的优缺点。为了提高培训质量，达到培训目的，往往需要将各种方法配合起来灵活运用。

7. 培训场所和设备的选择

培训场所有教室、会议室、工作现场等。如果以技能培训为内容，最适宜的场所为工作现场，因为许多与培训内容相关的工作设备是无法进入教室或会议室的。培训设备包括教材、模型、幻灯机等。不同的培训内容和培训方法最终决定培训场所和设备。

（三）实施培训计划

培训实施是员工培训流程中关键的环节。在实施员工培训时，培训者要完成许多具体的工作任务，包括编制培训日程表，落实培训所需要的场地、设施、工具以及所需的培训资料。如果在外培训还需要确定吃、住、行方面的安排情况。

（四）培训效果评估与反馈

从培训需求分析开始到最终制定出一个系统的培训方案，并不意味着培训方案的设计工作已经完成，还需要不断测评、修改。只有不断测评、修改，才能使培训方案逐渐完善。

培训的效果要从四个角度来考察：

1. 培训方案

从培训方案本身的角度来考察，看方案的各个组成要素是否合理，各要素前后是否协调一致。

2. 培训预期

培训对象是否对此培训感兴趣，培训对象的需要是否得到满足；看以此方案进行培训，传授的信息能否被培训对象吸收。对于员工培训前后的变化可以通过时间序列模型和控制实验来测量，时间序列模型是通过将员工培训前与培训后的绩效进行对比，以此来确认是不是培训导致了某种变化。但是培训后的绩效变化也有可能是其他原因导致的，所以为了使测量更加准确，需要采用控制实验来对培训组和控制组进行对比，以此确定员工工作绩效变化到底有多少是因受培训而导致的。

3. 培训对象

从培训对象的角度来考察，培训对象培训前后行为的改变是否与所期望的一致，如果不一致，就应找出原因，对症下药。美国著名学者柯克帕屈克提出了四层次框架体系来测量培训效果。该体系认为培训效果测定可分成四个层次：第一层次测评，即测定受训者对培训项目的反应。受训者是否喜欢这个培训计划？他们是否认为这个计划是有价值的？第二层次测评，即测定受训者的学习情况。确定受训者是否学会了要求他们掌握的原理、技能和事实。第三层次测评，即测定受训者在参训后，与工作相关的行为上发生了哪些变化？如果受训者把学到的知识运用于工作中，提出了更多的合理化建议，改进了工作方法，工作效率明显提高，就说明培训是有效的。第四层次测评，即有多少与成本有关的行为后果。根据预先设定的培训目标来衡量培训项目取得了哪些最终成果。

4. 培训效果

从培训实际效果的角度来考察，即分析培训的成本收益比。培训的成本包括培训需求分析费用、培训方案的设计费用、培训方案实施费用等。如果成本高于收益，则说明此方案不可行，应找出原因，设计更优的方案。培训成本包括直接成本与间接成本，如表 3-4 所示。

表 3-4　培训成本

成本	项目	内容
直接成本	薪金和福利	受训者、培训者、顾问、培训方案设计者的工资、奖金、福利等
	材料费	向教师与学员提供的原材料费用及其他培训用品
	设备和硬件费	培训过程中使用教室、设备和硬件的租赁费或购置费
	差旅费	教师与学员及培训部门管理人员的交通、住宿费及其他差旅费
	外聘教师费	从企业外部聘请教师所支付的授课费、差旅费与住宿费
	项目开发或购买	员工培训项目的开发成本或购买的员工培训项目
间接成本	设施费	一般性的办公用品、办公设施、设备以及相关费用
	薪资	培训部门管理人员与工作人员的薪资以及支持性管理人员和一般人员薪资
	培训部门管理费	培训部门组织实施培训计划所发生的费用

续表

成本	项目	内容
间接成本	间接费	学员参加培训而损失的生产费（或当受训者接受培训时代替其工作的临时工成本）
	其他费	无法计入培训项目的差旅费及其他费用

有许多方法可以衡量企业培训的收益：①运用技术、研究及实践证实与特定培训计划有关的收益。②在公司大规模投入资源前，通过实验性培训评价一部分受训者所获得的收益。③通过对成功的工作者的观察，确定其与不成功工作者绩效的差别。

成本—收益分析还有其他的方法，如效用分析法，即根据受训者与未受培训者之间的工作绩效差异，受训者人数、培训项目对绩效影响的时间段，以及未受培训者绩效的变化来确定培训的价值。

第四章　人力资源开发的方法与技术

确定了人力资源开发的目标和内容之后，接下来的重要问题就是选择什么样的人力资源开发方法与技术。人力资源开发方法和技术的种类很多，不同的人力资源开发实践领域（如员工培训与开发、管理者的培训与开发、组织开发以及绩效改进等）都有特定人力资源开发方法与技术，并且每年都会涌现出一些新的技术和方法。本章主要介绍几种常用的培训方法和技术。培训方法和技术是人力资源开发方法中最基本的方法，其中一些方法也广泛应用于职业生涯开发、组织开发和绩效改进等领域。

培训方法和技术可以分为传统的培训方法与新兴的学习技术。传统的培训方法主要是指不依赖计算机和网络技术支持的培训方法，具体包括基于教室情境的培训方法（如讲授法、研讨法、案例研究法、角色扮演法等）、模拟工作情境的学习方法、在职培训与自我引导方法等；新兴学习技术是指将计算机技术、多媒体以及网络技术等运用到传统培训中而形成的学习形式或方式。在培训中，传统的培训方法和新兴的学习技术并不是割裂的，它们是能够有机结合的。

第一节　基于教室情境的培训方法

在企业或组织的培训活动中，绝大多数的正式培训或学习活动是在教室情境中或者说是在课堂上进行的。与在职培训不同，课堂培训需要受训者拿出专门的时间进行学习，培训专家和培训的组织者也要拿出专门的时间开展培训活动，学习和培训需要专门的场所、文献资料等。基于教室情境的培训方法是企业人力资源开发最为常用的培训方法，它具有成本低、信息传播速度快等优点。基于教室情境的培训方法主要有讲授法、研讨法、案例研究法和角色扮演法等。

一、讲授法

讲授法是讲授者运用语音文字将信息传递给受训者的方法。这种方法是人们最为熟悉的，应用最为普遍，也是容易与其他培训方法结合使用的最简便、最灵活、成本最低的一种培训方法。其他任何培训方法的运用，几乎都需要同讲授法结合来进行。讲授法既可用于传授新知识，也可用于巩固旧知识，是系统传授知识的最有效形式。这种培训方法的最大优点是能够在短时间内将信息传递给一个大规模受训群体，无论何种类型的组织，都要或多或少地采取这种培训方法。此外，在讲授过程中，师生之间可以有情感交流，使得教学内容相互作用、相互强化；教师还可以根据听课对象、设备和教材对讲授内容进行灵活处理。美国心理学家奥苏贝尔通过研究发现，讲授法可以脱离具体情境的限制，使教学突破个人生活的局限，能够简单有效地使学生获得知识，因而是比较高级的一种教学方法。

讲授法有很多种形式，可根据培训的目的、培训内容、受训者人数多少、受训者知识技能状况及讲授者的情况等进行选择。主要包括以下几种形式：

（一）讲述法

讲述法是讲授者用形象生动的语言描述或叙述事物现象，叙述事件发生、发展的过程的方法。讲述法可包括一般性的科学叙述和艺术性的形象描述，二者常常结合起来运用。叙述要思路清楚、结构严谨、有吸引力，描述要生动形象、启发想象、有感染力。

（二）讲解法

主要是对一些较复杂的问题、概念、定理和原则等，进行较系统而严密的解释和论证。当演示和讲述不足以说明事物内部结构或联系时，就需要进行讲解。在教学中，讲解和讲述经常是结合运用的。

（三）讲演法

讲演法是讲授者就某一专题进行有理有据、首尾连贯的论说，中间不插入或很少插入其他的活动。

与大学教学一样，在企业人力资源开发的各种方法中，讲授法是最受欢迎的培训方法，同时也是备受批评的方法，其缺点主要表现在：①单纯的讲授是单向的信息传递过程，缺少沟通和交流机制。早在20世纪60年代，研究者就对讲授法的局限性进行了探讨。例如，有些研究者对在培训项目中使用讲授的方法提出过质疑，他们的批评点集中在讲授是一个单向的交流过程上。通常情况下，讲授的方法会导致被动学习，且受训者没有澄清学习材料的机会。也就是说，讲授法难以及时得到和处理受训者的反馈，不能达成受训者之间经验或思想的交流和分享。这也是为什么讲授法虽然被使用得最多，但是却排在培训方法"人气榜"后面的原因。因为没有对话，所以在讲授中受训者不能将自己的观点提出来供大家讨论。②对受训者的差异不敏感，难以根据受训者的差异而采取恰当的方式。此外，课堂讲授只能同等程度地传授材料，不能恰到好处地根据受训者个体在能力、态度和兴趣上的差异而有针对性地采取合适的方式。大多数的讲授过程局限在同一时空内，将相同的信息通过语言、文字、图像等媒介传递出去，而受训者只是被动地进行观察、接收和学习。即使是小班讲授，也难以兼顾每一个受训者的特点，而只能根据他们的总体状况选择讲授的内容，不能根据受训者的特点开展有针对性的培训。③讲授法不适合技能型的培训，对受训者的态度和行为改变效果不大明显。有研究证明，在强调操作技能的训练及复杂反应（如运动技能）的训练时，讲授法并不适合。至于讲授法对受训者的态度、行为等的改变是否有效，还缺少定论。

在实际培训的过程中，讲授法的缺点可以得到有效克服，具体方法如下：①重视沟通机制的构建。讲授法应加强讲授者与受训者的沟通，注意受训者的反馈，同时注意观察受训者的接受情况，了解受训者在知识、兴趣、态度、技能等方面的差异等，随时改变和调整讲授的内容。如果能很好地注意这些问题，那么讲授法的许多缺点是可以克服的。②讲授法与其他培训方法和培训技术结合使用，实现讲授法与其他方法和技术之间的相互补充和强化。由于培训内容越来越复杂，讲授法与其他方法和技术之间的结合经常发生，它可以与任何一种方法和技术结合使用，会使该方法和技术的培训效果更好。讲授法、研讨法、角色扮演、案例研究、视听技术及在实际工作过程中的培训等相结合是很好的选择。例如，讲授法与视听技术的结合使用，能够直观地显示出在复杂的操作过程中受训者所应达到的最终水平。可以通过讲授使受训者了解必要的知识和信息，然后用影片显示操作程序，还可以根据受训者已经具备的知识和技能水平调整播放速度。

二、研讨法

研讨法实际上是针对讲授法的缺点而设计的教学方法。该方法主要是通过建立培训者与受训者之间、受训者与受训者之间的双向沟通机制来实现知识和信息的传递。有的研究认为，研讨法就是讲授法的一种改进。

研讨法的主要优点包括：①研讨法建立了简单、及时、易操作的反馈机制。由于鼓励了受训者参与研讨，实际上就是为他们提供了向培训者反馈的机会。在反馈过程中，受训者们能够将自己最关注的问题、没能搞清楚的问题及各种有疑问的问题传递给讲授者，使讲授者进一步了解受训者的知识、技能、兴趣、态度及行为倾向等相关信息，为下一步调整讲授的内容与重点做准备。②研讨法是对讲授内容的必要补充，使讲授内容更加接近于工作实际。讲授者所讲授的内容一定是有局限性的，并且极有可能与实际工作存在脱节的地方。在研讨过程中，受训者能够将自己在实际工作过程中遇到的关键问题提出来，并与大家一起分享经验和教训，有利于讲授者进一步调整和丰富讲授，并且使得讲授内容越来越接近于工作实际。③平等、自由的研讨气氛。在研讨过程中，受训者之间的交流过程既是解决疑问、交流工作经验的过程，同时也是交流思想的过程。如果受训者在交流过程中表达出合作的态度和对其他受训者的尊重，是极有利于将这种气氛扩展到工作关系中的，有利于构建和谐的工作关系。

研讨法的缺点主要表现在：①对讲授者的要求较高。讲授者不仅要讲授，还是研讨过程的组织者和控制者，是反馈信息的收集者，是疑难问题的解答者，是讨论和谈话的引导者，也是研讨气氛的营造者。具备这些能力和素质的培训人员一般是有经验的资深专家，他们不仅具备这方面的能力和素质，而且还对研讨法有一定的研究成果，同时也具有一套具有个人特色的经验和技巧。例如，组织者应恰如其分地掌握研讨的进程，当结束时间到了或者讨论偏离了主题时，应适时地扮演调停者的角色。过长的讨论会使所讨论的问题变得太分散，不易收集整理资料，关键问题难以突出；同时也会使得受训者感到疲倦，精力不集中。再如，如何为研讨创造和谐、平等、开放的环境是对组织者的一个考验，既不能让受训者感到发言有压力，也不能让他们存在恐惧心理，担心坦率的谈话是否会产生不良的后果等。②对参与研讨的受训者的要求较高。受训者一般会存在懒惰和应付的心理，参与探讨的积极性不高，或者只愿意听别人发言，自己不太愿意发言，或者对所学习的理论知识与实际工作之间的联系没能领会到位，出现无话可说的情况。此外，也有不少受训者对在众人面前发言存在恐惧心理，极易出现讨论被几种声音所控制的局面，不能保证所有的参与者都参与讨论。因此，研讨法一般适用于受训者素质较高的培训，要求受训者具有参与讨论的正确动机和态度，同时要求他们有很强的对理论知识的理解力、对实际工作的观察力和总结能力等。③研讨法的成功实施需要有充分的时间、空间及师资力量等诸多方面的保障。将一个几十人参与的大班分成几个小组，有利于增加受训者参与讨论的可能性。正如高校教学一样，成功地组织研讨很难，主要原因不在于教师和学生的质量，而是时间、空间及师资力量严重不足。例如，成功的研讨很难在为数众多的受训者中间进行，因此必须采用小班上课的方式，国外的大学讨论课一般不能超过15人，而国内的大学由于扩招、学生量太大等原因很难做到这一点。如果培训能够采用小班研讨的方式，则可能成功组织研讨，而在受训者数量太多、时间短、教室短缺、师资力量不足等情况下，则不易成功组织研讨。

三、案例法

案例法通过提供若干真实或虚拟的故事，让受训者在脱离工作的学习情境中体验理论知识的运用过程，使他们对正确和错误的判断、最优和次优的选择等有更加直观的印象。案例法通常与其他培训方法并用，尤其是与讲授法合并使用，会使培训更加生动，能有效地克服讲授法的缺点。

案例法的优点包括：①给受训者真实的学习感受，使受训者对所学习的内容印象深刻。案例由一个个真实或虚拟的故事构成，很多课程的讲授都会以一个案例的形式开头，目的是引发受训者的思考，引起他们的注意和兴趣，关注理论知识的运用。无论是真实的案例还是虚拟的案例都要具备必需的背景条件、任务、工作环境、结果等要素，通常发生的情况是受训者记不住所学习的理论知识，但却能够清晰地记住当时所分析的案例。②给受训者独立解决问题的机会。受训者通常独立地研究案例，提供解决办法，然后在群体中讨论各种解决方法，多数人形成统一的意见，并试图确定案例后面的基本原理。群体过程的设计可以用来提供反馈，允许个体通过观察其他人来学习，建立他们自己的解决办法。一般情况下，没有所谓正确的解决方法，受训者被鼓励尽量灵活。这种方法使受训者通过研究案例的过程，理解案例中的关键原理并掌握思考方法。③有利于受训者之间的沟通与协作。案例法能够集思广益，将不同知识、技能及工作背景的受训者的想法汇集到一起，在对同一个案例分析和解决的过程中，比较最合理和最优的解决办法。如果解决方案是大家协商提出的，还有利于团队精神或合作精神的培育。受训者之间能够相互学习，也可以通过从自己的成绩中获得的反馈来进一步加强和改进学习。④案例法可以用来作为考核和评估受训者的培训效果。通常在培训的练习阶段使用案例法，能够使受训者得到训练。此外，在课程结束时，运用案例分析通常能够有效地考核受训者的学习状况。这种考核方式能够避免单纯的知识型考核方式的机械性记忆的问题，锻炼了受训者在特定情境中分析问题和解决问题的能力。通常情况下，案例分析的答案不是唯一的，主要考核的是受训者分析问题和解决问题的方式方法。

案例法也存在许多不足，如案例过于简单、案例中的情景不具有代表性、案例与现实的组织中的状况不够接近等。此外，好案例的制作成本很高，不仅耗费大量时间和金钱，还需要与现实的组织有密切的联系，从而能够开展深入的调研。

使用案例法时，可以参照以下技巧：①根据培训目标确定案例分析的难度；②通过一个案例，可以对某一技能或者多项技能进行练习和评估，因此可以将案例分析作为单个的练习步骤，也可以作为一系列的练习，或者作为对所有已学习知识的"期末考试"；③为案例准备正确的解决方案，但是给受训者以进一步扩展的余地。在现实生活中，针对同一问题，总会有几种不同的解决办法。

四、角色扮演法

角色扮演法要求受训者在特定的情景中亲自扮演一定的角色，并对自己及别人所扮演的角色进行评价。通常情况下，受训者在特定的场景中或情境下扮演分派给他们的角色，所有的受训者，包括扮演者和非扮演者都要参与讨论和评价。角色扮演主要应用于人际问题的分析、态度的改变以及人际关系技能的发展方面。角色扮演的培训方法，能够使受训者有机会经历实际工作中发生的问题，并通过尝试各种不同的方法来解决所面临的问题，并且选择最合适的方法解决组织难题。

与其他方法一样，角色扮演法也有优点和不足。角色扮演法的主要优点是，受训者通过体验，能够深刻地领会知识的运用及组织的运作等，有利于通过扮演角色来改变自身的态度和行为，并主动地参与到组织内部劳动关系的重塑中，从而自发地推动和谐劳动关系的构建。角色扮演法的主要缺点是，如果一个人不能扮演很多角色，他所得到的信息就极其有限，所关注的问题极易局限于自己所扮演的角色所面临的问题，对其他角色很难给予同等程度的关注。我们通常将扮演者在扮演过程中的录像回放，目的是让扮演者仔细分析自己的行为和别人的评价。这种办法非常有利于使受训者认真地参与，并通过反馈成功地纠正自己的态度和行为等；但另一方面会导致受训者对自己所扮演的角色的过度关注。如果组织者要受训者扮演不同的角色，尽管需要耗费很多时间，但效果会好很多。这个过程的意图是使一个人更能理解别人的感受和态度。

角色扮演的教学方式时，可以参照以下技巧：①为了证明观点，务必精心选择合适的扮演者。选择那些能够严格按照培训者的要求进行演示的受训者参加角色扮演。②通过角色扮演的形式来解释关键的问题，不过最好只针对一个问题，如果信息太多，受训者就会觉得迷惑。③角色扮演开始之前，用一定时间对设定情形做详细的介绍。给受训者提供足够的背景信息，然后再分配角色。④为了避免偏离主题的情况，在角色扮演时，培训者应给受训者明确的指示，让他们知道本次培训的要求。例如，可以告诉他们，客户服务代表应做到："使用客户的名字三次以上；组织、明确并证实客户提出的问题的性质，向客户强调这个问题；提出为客户采取一定的补救措施。"如果需要让角色扮演中负责观察的人提供反馈信息，培训者可以给他们每个人一张反馈表，让他们着重注意扮演过程中的关键行为，并对这些行为做出反应。⑤如果扮演活动偏离主题了，培训者就应及时让受训者停止扮演，并向他们提问："扮演过程中存在哪些问题？为什么讨论偏离了正确的方向？"培训者的态度应是果断的、坚决的，要求扮演者严格按照他们所扮演的角色行事，并紧扣主题。⑥扮演结束后，培训者应与受训者一起对扮演者的表现进行讨论。在讨论的过程中，受训者就可以增长知识。培训者可以向每个扮演者提问，也可以让其他受训者对扮演者的表现提出建议和意见。鼓励受训者开展讨论，培训者还可以问他们："如果在……的情况下，你将会怎样？"

第二节　模拟工作情境的学习方法

在企业培训中，许多技能的学习需要一定的设施设备或在特定的工作情境中才能完成，这就需要模拟现实工作情境，重复现实世界的基本特点，以保证能够进行学习和迁移。传统的模拟工作情境的方法主要是对现实工作条件和情景的复制或模拟，主要用于技能培训。随着计算机技术和虚拟现实技术的发展，传统的模拟工作情境的培训方法得到了扩展，不仅可以用来培训技能，还可以用来训练决策能力和解决问题能力等。

一、仿真模拟法

仿真模拟法主要是通过对现实工作条件和情景的复制、重复和模拟，使受训者身临其境去体验的培训方法。仿真模拟法尤其适合那些必须进行操作练习但又难以在实际工作中进行实地演练的情况，如医学手术、航空航天、石油勘探、航海、军事行动、格斗等。随着计算机技术的发展，计算机模拟、网络模拟变得越来越普遍，大大降低了培训成本，同时也使得仿真模拟法被大范围推广。在组织中，仿真模拟法已经被广泛用于员工技能的开发、人际关系技能的开发、管理技能的开发、管理决策过程及各种重大问题的解决等。

仿真模拟法的优点显而易见，主要包括：①能够人为地控制模拟环境，学习效果更好。模拟培训是用实验室替代了真实世界，而在真实世界中不能控制的变量能够在实验室得到控制，将在真实世界中难以重复出现的情景多次再现，以增加受训者练习的机会。此外，仿真模拟法还能够根据受训者的需要来增加或压缩培训的时间，重复进行练习。例如，一次飞行模拟就可以在几小时内提供现实中几个月的飞机降落机会。由于受训者能够控制模拟环境，使培训人员能够较容易地获得反馈信息，并根据学习状况安排练习。同时也可以根据学习的效果再次修改模拟环境，以进一步提高学习效果。②能够在安全的环境中使受训者得到训练。有些操作技术及真实的操作环境存在安全隐患，尤其是非熟练员工直接进入操作状态是极其危险的。这种危险不仅威胁到员工的安全，也威胁到客户的安全，一旦出现问题，将对企业和个人造成巨大的损失。许多行业的技能都只有经过模拟培训的熟练员工才能操作，如驾驶飞机、某些生产流水线的操作、医疗手术等。在模拟过程中可根据该技术的特点选择最为关键的环节进行重点训练，以解决最突出的危险性问题。③降低训练成本。虽然一般的模拟训练花费很高，但与在实际工作过程中真实的训练相比，还是要节省很多开支，模拟培训成为最接近在职培训的替代方法。例如，对即将到国外工作的员工的培训，可以通过对国外环境的模拟开展培训，因为在国外培训的费用高昂。再如，让受训者操纵飞机进行飞行训练的成本太高，尤其是对于刚刚练习飞行的初学者而言，模拟练习是必须进行的。④模拟法是培训迁移效果较好的培训方法，因为该方法包括操作环节，而不再拘泥于信息的传授。虽然操作环节是在模拟环境中进行的，但模拟环境非常接近真实的工作环境。虽然目前对模拟培训的迁移问题的研究仍然很少，但企业已经开始重视标准化的模拟培训，以获得更有效的培训效果。

模拟训练的缺点也是很明显的，如开发模拟器的费用高，对模拟器的仿真程度要求高而且需要不断更新等。因此，在模拟训练中应注意系统与工作环境的相同性，提高仿真度。模拟培训的成功与否取决于模拟器与受训者将在实际工作环境中使用的设备的同一性。模拟器应具有与工作环境相同的因素，模拟器的反应应与设备在受训者实际使用的条件下的反应一致。在计算机模拟的条件下，还应注意受训者在计算机条件下可能产生的一种对虚拟空间的错误感觉，当他们回到实际环境中时，可能仍然以虚拟条件下的空间感来测度现实条件下的空间，从而导致一些问题的发生。

二、游戏法

游戏法是通过设计一种商业运作情景，要求受训者参与其中，担任不同的角色，体验企业组织的决策过程，体验企业之间的竞争关系的培训方法。游戏法的最大优点就是其趣味性和竞争性特别吸引受训者，激发受训者的深入思考，提高受训者对问题的敏感度。目前很多游戏已经能够以计算机技术为基础来设计，增加了游戏的仿真性和趣味性。它是一种轻松活泼的培训方法，但对设计者的要求较高，以避免受训者由于过度沉醉于游戏的趣味之中，而忽视了学习的目的。此外，适当的游戏能够有效克服学习过程中的枯燥感，但过多的游戏也会使受训者感到乏味。掌握游戏在培训中的适当比例是至关重要的。

使用游戏形式进行教学时，可以参照以下技巧：①具有创新性。可以购买有关培训游戏的书籍，不过书中提到的游戏可能趣味性太强，会降低创造性。培训者还可以采用电视游戏或桌面游戏等形式。②将游戏同培训目标结合起来。如果游戏同培训目标无关，就不应采用这种游戏。③考虑到受训者在课程结束时往往感到疲劳，因此可以将游戏安排在这一时间段内，从而有效地提升受训者的学习体验。当然，当培训者根据教学需求调整教学节奏时，也可选择使用游戏形式进行讲授。对于具有挑战性的主题，以游戏的形式开启讲授，能更好地吸引受训者的注意力。④游戏作为一种教学方法，虽有一定成效，但不应过度使用。过多的游戏活动可能削弱其教学功能，导致受训者在游戏过程中仅仅经历了短暂的轻松时光，而未能有效吸收并记住培训者所教授的知识。⑤在游戏结束时简单介绍一下游戏参与者，并总结观点。培训者需要对游戏中的原则与收获进行总结，使受训者加深对教学内容的印象。

三、虚拟现实培训

虚拟现实培训（Virtual Reality，VR）是使用虚拟现实技术来进行工作模拟的培训方法。通过虚拟现实培训，能够将受训者带到他们在工作中可能所处的各种情境之中。虚拟现实培训在军队、建筑、医药及工程等领域的应用较为普遍。

虚拟现实培训的特点是：①能够模拟工作环境，节省培训时间和费用。在这些模拟的情境中，受训者能够接触、体会以及进行操作训练。一个 VR 培训系统能够模拟许多不同类型的环境，但模拟只是近似的模拟，而不是培训环境在物理上的完全相同。一些对照研究表明，与其他培训技术相比，VR 技术能够大大减少培训时间，使受训者感觉更为良好。此外，VR 技术还有利于降低培训费用。②虚拟培训能够提供一种可控的学习环境。同其他的新兴培训技术相比，VR 培训更加灵活，它所模拟的环境是可以被受训者控制的，如可以控制时间，使时间快些、慢些，重复进行、停顿等。例如，医生的手术练习要在有图像移动的、精确的、可重复的环境中进行。③虚拟培训的应用领域在逐步扩展。一方面，VR 培训正逐渐从航空航天、医疗等高技术培训领域扩展到传统技能的培训领域，如对产品生产周期的模拟包括了维护、修理、革新等过程，而不需要使用实际的生产设备，降低了费用。另一方面，VR 也在逐渐从这些高技术技能的培训领域扩展到人际能力的培训方面，如能够帮助受训者在一屋子虚拟人之间进行谈判技能的练习。

第三节　在职培训方法

在职培训，即在实际工作过程中进行的培训，是一种应用极其广泛的培训方法。无论在原始的作坊式的企业中，还是在技术创新能力较强的现代大企业中；无论在传统的制造业中，还是在现代高级服务业中；无论在传统的培训组织中，还是在现代新型培训组织中；无论在基本技能培训中，还是在管理培训和开发中，都要运用到与实际工作过程相伴随的培训。在实际工作过程中进行的培训有很多种方法，这里主要介绍四种在企业中比较流行和广泛应用的培训方法，即学徒式培训、教练式培训、嵌入式培训和自我引导法。

一、学徒式培训

学徒式培训适用于各种技能性行业，是最古老的一种培训方式。目前，这种方式又被现代企业加以改进，增加了现代培训方法和培训技术；或者将学徒式培训方法融入其他培训方式中，使之成为一种实用的、能够完成大量培训任务的有效模式。在现代企业中所运用的学徒式培训模式下，受训者既要在课堂中接受培训，又要在工作中接受有经验的员工的指导和监督。当培训效果达到一定的程度时，受训者就完成了由学徒向员工的转变。这一方法在许多技能性的行业中得到了广泛的应用，如烹饪、缝纫、酿酒、建筑、美发、电工、炼钢、首饰制作等。现代市场经济中，某些手工制造业凭借品牌优势保持了竞争力，如服装设计与加工、皮革制造等。现代企业的学徒式培训要求企业根据培训的目标和要求，根据所要传授的技术特点，制订学习计划，并指定专人负责，采用工作中的培训和课堂培训相结合的方式，分阶段进行培训，学习效率得以提高。近年来，很多行业的技术型工人短缺问题较为突出，这种培训方法又得到了企业的青睐，许多企业采取这一方法培训了大量的技能型员工及预备队伍。

一般而言,学徒式培训中对基础知识的学习会集中进行。对于有了企业大学的大型企业而言,基础知识的课堂学习是很容易完成的;小型企业则采取灵活多样的方式安排课堂学习。在职培训的部分则由企业安排相应的熟练员工进行指导,有的由部门经理亲自指导。因此,在现代企业及相应的新型培训组织中,职能部门的经理在学徒式培训中起着越来越重要的作用。职能部门经理不仅要选择具备相关资格的资深员工作为"师傅",甚至本人也要承担师傅角色。通常情况下,企业会支付给受训者一定数量的工资,工资通常会少于全职员工,这一点与古代的师徒制相似。

学徒式培训在欧洲国家受到高度重视,它是一些欧洲国家的教育体系中的一部分,受训者通过学徒式培训获得知识和技能成为最普遍的学习方式之一。例如,在德国,师徒制体系确定了300多种职业,有三分之二的高中毕业生会参加师徒制的学习计划,每个职业都有自己的一整套标准和课程安排。政府、企业、劳动者和教育部门分别参与了这一制度的不同环节。学徒式培训对欧洲国家的人力资源开发做出了很大的贡献,尤其是对高级技工的培养更是贡献突出。例如,德国制造业的高品质在一定程度上是学徒式培训的结果。再如,意大利的手工皮革业、首饰加工业、服装加工业等,一直保持了高品质和垄断地位。

美国1937年就制定了学徒法,学徒法明确了学徒的目的,并由此形成了维护学徒制度的劳工标准,目前这些标准的适用范围已大大扩展。此外,政府部门在建立学徒制度标准的过程中,也请员工代表和工会参与其中。联邦和州政府手册对学徒式培训所必须完成的课堂教育时间及在职培训时间都有明确的规定。美国的学徒式培训是需要认证的,通过认证的项目至少应包括144小时的课堂学习时间,以及2000小时或1年的在职工作体验。仅仅从学习时间的安排看,这一培训制度类似职业教育,它所耗费的时间大致相当于获得一个高等教育的学位所需要的时间。

学徒式培训的考核和评估较为简单。对于课堂学习的基础知识部分,其考核办法与其他课堂教学方式的考核没有什么区别。对于操作部分的考核,通过检查受训者的全部操作过程及最终产品和服务的质量,根据本行业的技术要求和特点,就可以判断受训者的学习效果。在培训结束并通过了评估后,受训者就可以被企业接受为正式员工了。

二、教练式培训

教练式培训是陈述和分析人们如何使用一项具体技能和/或帮助人们提高或改善其工作绩效的一个过程。教练式培训的目标与其他培训方式不同。其他培训方式主要是指帮助受训者获得新知识和新技能的过程，是将受训者从该领域知识和信息的陌生者变成熟知者，从不知道如何获得胜任力到意识到如何获得胜任力，但并不能确保受训者一定能够熟练地掌握和操作该领域的全部技能，能够成为高水平的、有很强胜任力的员工。而教练式培训的目标就是将掌握了该领域知识和基本技能的员工训练成高水平的、有很强胜任力的员工。教练式培训中的培训者可被称为企业教练，类似于体育教练。体育教练的目的是帮助运动员获得较高水平的竞技能力，能够在比赛中获胜。虽然企业教练的目的不是训练比赛高手，但却是训练某项技能的高手。

教练式培训容易与学徒式培训相混淆。后者主要是针对初学者的一种培训方式，师徒关系较为固定，且带有较多的个人关系色彩，不仅涉及业务关系，甚至还涉及工作、职业生涯及生活等较为宽泛的问题。教练式培训是针对某个领域范围内的，职业关系或工作关系色彩较浓，个人关系不明显。此外，教练在级别上不一定高于受训者，例如，给某些经理人员做教练、帮助资深培训者拓展培训技能的教练等。

教练式培训的关键点是首先了解受训者所掌握的知识和技能的熟练程度，这不仅要求管理者和职业培训人员掌握员工的情况、教练能够准确地判断和分析受训者的状况，而且要求受训者对于培训与开发有着很强的自我判断和自我管理能力，能够承担培训与开发的责任。通常情况下，受训者在工作中基本能够完成本职工作，但在工作技能、人际关系技能等方面难以达到较高水平。有人认为自己不够出色的原因是知识欠缺或根本没有胜任力，其实是能力还未达到一定的水平，是缺少强化式训练的结果。这种强化式训练的重要性常常被企业管理者所忽视，认为是本企业的员工不够优秀，已经投入了不少培训费用，培训计划做得也不错，但员工的工作绩效就是上不去。

教练式培训的缺点是教练的培养难度较大，因为具备教练资格的人要在该领域有纯熟的技能，有些经验是只能意会不能言传的，只能通过隐性的方式、通过教练和受训者之间的磨合与互动才能传递和提高。

三、嵌入式培训

嵌入式培训是指在实际的工作情境或工作过程中加入训练的环节，也就是将培训环节"嵌入"到真实的工作中。这种培训方法通常难以复制和模仿，在通常情况下，适用于技术操作难度较大、机器设备昂贵、安装调试较为复杂的企业或其他类型的组织中。管理者会利用安装调试新设备的机会、难得的操作机会或军事演习机会将训练环节加入工作过程中，有时员工预先知道加进了训练内容，有时则没有预先告知员工，员工在不知不觉中得到了训练，提高了应对紧急事件和重要事件的能力。

嵌入式培训的关键点是设计者与操作者之间的沟通，设计者的想法、目的及操作流程的设计要传达给操作者，并被操作者所理解。也就是说，员工在受训前必须对培训内容在理论方面及操作方面都了如指掌，对培训内容与其他工作环节之间的衔接关系清楚明了，只有这样才能保证培训的成功。因为一旦效果不佳，嵌入式培训就意味着失败，而再次重复同样的培训过程可能需要等待较长时间，培训的机会和条件难以获得，成本较高。设计者与操作者之间的沟通有很多形式，可以通过课堂教学的方式、阅读资料的方式、案例研究的方式等，也可以通过双方面对面研讨的方式进行沟通。在培训过程中或者培训结束后，管理者和设计者都可以从操作者那里获得重要的反馈。如果管理者和设计者亲自参与培训过程，各方之间就能够进行直接的交流，并能够就某些重大问题提出正确的修改办法，共同提出可尝试的新策略。

四、自我引导法

由于组织越来越多地倾向于让员工自己来承担培训的责任，通过自我引导法进行培训越来越流行。在信息、媒介及程序化方法如此发达的时代，受训者的自我学习越来越容易进行，自我引导法在所有培训方法中所占的比重越来越高。自我引导法的基本过程如下：为受训者提供一定的资料和程序，在确定时间、地点，或由受训者自由选择时间、地点进行自学，由受训者自我控制整个学习过程，最终达到培训者所要求的培训结果。自我引导法的运用有两种情况：

一种是全部培训过程都运用该方法；另一种是培训过程的部分环节运用这种方法，通常是培训前的准备阶段和培训后的巩固阶段。

通过自我引导法学习的最简单形式是参加培训前的准备性读物或培训项目结束后的目标读物。准备性读物的作用有两个：①准备性读物能够使所有受训者在进入培训时具有同样的知识水平。这可以使培训者集中于培训目标，避免因为特别关注一些受训者而引起另一些受训者厌烦。因此，可以使受训者以大多数人可以接受的更高的速度完成课程。②准备性读物可以让培训者在提高基本知识方面花费较少的时间，而使用更多的时间来完成复杂的如程序性的知识或技能的发展，这样可以产生更好的培训效果。培训后的目标读物可以用来强化培训的材料，促进知识在工作中的迁移。

自我引导法使受训者可以在一定程度上自己控制和调节学习的进程，在掌握分派材料和阅读材料的速度的过程中，能够体现培训者和受训者之间的协调。此外，自我引导法还是一种典型的低成本培训方法，能够使受训者在没有讲授者和指导者参与的情况下完成部分培训内容的学习。时间和空间上的灵活性能够较少影响工作的正常进度。

自我引导法虽然有上述优点，但也存在一些不足。尽管组织和受训者都能够完成相应的任务，但受训者和培训者之间缺少交流，通常的交流也限于将学习材料和测验通过电子邮件的方式相互传递和交流，缺少面对面的语言交流。此外，自我引导法还会经常出现以下问题：①反馈时间滞后，难以控制反馈过程；②在无人监控的情况下，受训者学习的主动性和压力会大大减少，完不成学习计划的情况经常发生等。通常的解决办法是，通过测验等考核办法确认学习效果，合格者能够获得资格证书。但总体而言，自我引导法的学习效果在实际工作中体现得不太明显，培训迁移的效果不佳，通常与其他培训方法并用才能增强培训效果。

第五章　薪酬管理体系的构建

第一节　职位薪酬体系

一、职位薪酬体系的特点、实施条件和操作流程

（一）职位薪酬体系的特点及其适用性

　　所谓职位薪酬体系，就是首先对职位本身的价值做出客观的评价，然后根据这种评价的结果赋予承担这一职位的人与该职位的价值相当的薪酬这样一种基本薪酬决定制度。职位薪酬体系是一种比较传统的确定员工基本薪酬的制度，它最大的特点是，员工担任什么样的职位，就得到什么样的薪酬。与新兴的技能薪酬体系和能力薪酬体系相比，职位薪酬体系在确定基本薪酬时重点考虑职位本身的价值，很少考虑人的因素。这种薪酬制度是建立在这样一种假设前提基础之上的：每一个职位上的人都是合格的，不存在人和职位不匹配的情况，也就是说，担任某种职位工作的员工恰好具有与工作难易水平相当的能力。这种薪酬制度并不鼓励员工拥有跨职位的其他技能。因此，在这种薪酬制度下，我们可能会看到，虽然有些员工的个人能力大大超过了其所担任的职位本身所要求的技术或资格水平，但是在职位没有变动的情况下，他们也只能得

到与当前工作内容对等的薪酬水平。根据以上分析，可知职位薪酬体系既有明显的优点，同时也存在一定的不足（见表5-1）。

表5-1　职位薪酬体系的优点和缺点

优点	缺点
1. 实现了真正意义上的同工同酬，因此可以说是一种真正的按劳分配体制 2. 有利于按照职位系列进行薪酬管理，操作较简单，管理成本较低 3. 晋升和基本薪酬增加之间的连带性增强了员工提高自身技能和能力的动力 4. 根据职位支付薪酬的做法比基于技能、能力、绩效支付薪酬的做法更容易客观公正，对职位的重要性进行评价要比对人的技能、能力和绩效进行评价更容易达成一致	1. 由于薪酬与职位直接挂钩，当员工晋升无望时，也就没有机会获得较大幅度的加薪，其工作积极性必然会受挫，甚至会出现消极怠工或者离职的现象 2. 由于职位相对稳定，与职位联系在一起的薪酬也就相对稳定，这不利于企业对多变的外部经营环境做出迅速反应，也不利于及时激励员工 3. 强化职位等级间的差别，可能会导致官僚主义滋生，员工更为看重得到某个级别的职位，而不是提高个人的工作能力和绩效水平，不利于提高员工的工作适应性 4. 可能会引导员工更多地采取有利于职位晋升的行为，而不鼓励员工横向流动以及保持灵活性

虽然传统上那种严格、细致的职位薪酬体系在很多时候已经无法适应现代企业所面临的复杂多变的市场环境及其对员工的灵活性要求，但职位薪酬体系仍然具有很强的实用性，在薪酬决策中具有不可替代的作用。实际上，从世界范围上来看，采用职位薪酬体系的企业的数量要远远超过采用技能薪酬体系和能力薪酬体系的企业的数量，即使是那些采用技能薪酬体系和能力薪酬体系的企业，也大都是从职位薪酬体系转过来的。事实上，曾经实行过科学、完善的职位薪酬体系的企业在转而实施技能薪酬体系和能力薪酬体系时会感到更为舒适和顺利，这是因为，即使采用了技能和能力薪酬体系，仍然要依赖职位薪酬体系所强调的职位的概念，尤其是不同的职位或不同系列的职位对员工的任职资格的差异性要求。

从一定程度上而言，职位薪酬体系在操作方面比技能薪酬体系和能力薪酬体系更容易、更简单，而且适用的范围也比较广，因此对于我国的许多企业和大部分工作岗位而言，职位薪酬体系还是比较适用的。但是从当前我国企业的薪酬管理实践来看,许多企业的职位薪酬体系实际上是根据岗位的行政级别或者员工的资历而定,而不是根据真正意义上的岗位或职位来确定基本薪酬的。

(二)实施职位薪酬体系的前提

企业在实施职位薪酬体系时,必须先对以下几个方面的情况做出评价,以考察本企业的环境是否适合采用职位薪酬体系。

1. 职位的内容是否已经明确化、规范化和标准化

职位薪酬体系要求纳入本系统中的职位本身必须是明确、具体的。因此,企业必须保证各项工作有明确的专业知识要求、有明确的责任,同时这些职位所面临的工作难点也是具体的、可以描述的;换言之,必须具备进行职位分析的基本条件。

2. 职位的内容是否基本稳定,在短期内不会有大的变动

只有当职位的内容保持基本稳定时,企业才能使工作的序列关系有明显的界线,不至于因为职位内容的频繁变动而使职位薪酬体系的相对稳定性和连续性受到破坏。

3. 是否具有按个人能力安排职位或工作岗位的机制

由于职位薪酬体系是根据职位本身的价值来向员工支付报酬的,因此,如果员工本人的能力与其所担任职位的能力要求不匹配,必然会导致不公平的现象发生。故而企业必须保证按照员工个人的能力来安排适当的职位,既不能存在能力不足者担任高等级职位的现象,也不能出现能力较强者担任低等级职位的情况。当个人的能力发生变化时,他们的职位也能够随之发生变动。

4. 企业中是否存在相对较多的职级

在实施职位薪酬体系的企业中,无论是比较简单的工作还是比较复杂的工作,职位的级数应足够多,从而确保企业能够为员工提供一个随着个人能力的提升从低级职位向高级职位晋升的机会;否则,如果职位等级很少,大批员工在上升到一定的职位之后就无法继续晋升了,其结果必然是堵塞员工的薪酬提升通道,加剧员工的晋升竞争,影响员工的工作积极性以及进一步提高技能和能力的动机。

5. 企业的薪酬水平是否足够高

即使是处于最低职位级别的员工,也必须能够依靠其薪酬来满足基本的生

活需要。如果企业的总体薪酬水平不高，职位等级又很多，那么处于职位序列底层的员工所得到的报酬就会非常少。

（三）职位薪酬体系设计的基本流程

职位薪酬体系的设计步骤如下：①了解一个组织的基本组织结构和职位在组织中的具体位置；②收集与特定职位的性质有关的各种信息，即进行职位分析；③整理通过职位分析得到的各种信息，按照一定的格式把重要的信息描述出来并加以确认，编写成包括职位职责、任职资格条件等信息在内的职位说明书；④对典型职位的价值进行评价，即完成职位评价工作；⑤根据职位的相对价值高低来对它们进行排序，即建立职位等级结构，这一职位等级结构同时也就形成了薪酬的等级结构。

二、职位、职位分析与职位说明书

（一）职位的含义及其相关概念

在汉语里，我们经常将工作、职位、岗位等概念混在一起使用；在英语中，也同样存在这样的问题。英文中与职位有关的概念主要有两个：一个是 job（直译为工作，通常译为职位），另一个是 position（直译为岗位）。严格而言，这两个概念有一定区别：岗位与人严格对应，即每个人占据一个岗位，企业雇用多少人，就有多少个岗位，这正如通常所说的"一个萝卜一个坑"。而职位则是对所有相同岗位的统称。举例而言，超市中可能有 20 位收银员，因此有 20 个收银岗位，但由于所有收银员做的工作都是相同的，因此也可以说该企业有一个收银职位。

因此，可将职位或岗位界定为一位全日制员工在工作满负荷情况下需要完成的、具有一定内在联系且便于任职者完成的各种职责及其相应工作任务的集合。职位或岗位是由若干项重要职责组成的，而每一项职责又包含若干项重要的工作任务。例如，行政秘书岗位承担着总经理日程安排、来访客人接待、文字写作、行政事务管理等多项职责。而在总经理工作日程安排这项职责中又包括这样一些重要的工作任务：协助总经理安排工作日程表、提醒总经理参加重要活动及会议、制订总经理出差日程计划以及相关票据的订购和报销等。

（二）职位分析与职位说明书的编写

任何一个组织的建立都必然会导致一系列工作的出现，而这些工作又需要由特定的人员来承担。职位分析就是指了解一个职位并以一种格式把这种信息描述出来，从而使其他人了解这个职位的过程。它所要回答的主要是两个方面的问题：第一，某个职位上的任职者应做些什么？怎样做？为什么要做？第二，由什么样的人来承担这个职位上的工作才是最合适的？

职位分析始于美国管理学家弗雷德里克·泰勒在20世纪初进行的动作研究和时间研究。此后，职位分析一直是现代企业人力资源管理活动的基石，几乎所有的人力资源规划和管理活动——职位设计、人力资源规划、招募、甄选、培训开发、职业生涯规划、绩效评价、薪酬决策等，都要通过职位分析来获取相关信息。从薪酬管理的角度而言，职位分析是职位评价最重要的信息来源。组织只有获得关于职位的综合性信息，才能相对准确地判断出职位本身在组织中的相对重要程度或相对价值大小，从而确定职位的价值等级结果，奠定基本薪酬确定的基础。

1. 组织通过职位分析可以得到两类信息

第一类信息称为职位描述。它是对经过职位分析得到的关于某一特定职位的职责和工作内容进行的一种书面记录。它所阐明的是一个职位的职责范围及其工作内容。职位描述并不列举每一个职位的职责和任务细节；相反，它只提供关于一个职位的基本职能及其主要职责的总体脉络。

第二类信息称为职位规范。它是对适合承担被分析职位的人的特征所进行的描述，职位规范又被称为任职资格条件。它主要阐明适合从事某一职位的人应当具备的受教育程度、技术水平、工作经验、身体条件等。在英文中，狭义的职位描述仅仅包括职位的工作职责和任务方面的信息，而广义的职位描述则包括任职资格条件方面的信息。在我国，企业通常将职位分析产生的职位描述和任职资格条件两个方面的信息合称为职位或岗位说明书，即在职位说明书中包括职位描述和任职资格条件两个方面的内容。更为具体地说，在职位说明书中包括以下几个方面的要素：①职位标示。包括职位名称、任职者、上级职位名称、下级职位名称等。②职位目的或概要。用一句话说明为什么需要设置这一职位，设置这一职位的目的或者意义何在。③主要职责。职位所要承担的每一项工作责任的内容以及要达到的目的是什么。④关键业绩衡量标准。应当用哪些指标和标准来衡量每一项工作职责的完成情况。⑤工作范围。本职位对财务数据、预算以及人员等的影响范围有多大。⑥工作联系。职位的工作报告对象、监督对象、合作对象、外部交往对象等。⑦工作环境和工作条件。工作的时间、地点、噪声、危险等。⑧任职资格要求。具备何种知识、技能、能力、经验条件的人能够承担这一职位的工作。⑨其他有关信息。该职位所面临的主要挑战、所要做出的重要决策或规划等。

2. 在编写职位说明书的过程中需要注意的问题

在编写职位说明书的过程中，对职责的描述应当尽量按照做什么、如何做、对谁做、为什么要做等要素的顺序来编写。应着重注意以下三点：①要准确使用描述行为的动词，以明确任职者承担的具体角色。②要尽可能地揭示出工作流程以及信息的流向。③要尽可能地指明工作活动的目的或所要产生的结果。如很多企业习惯用笼统的职责描述语言，如负责预算工作、负责培训工作、负责仓库保管工作等。至于如何负责，不得而知。这样的描述实际上是没有太大价值的，而且很可能会造成误解。例如，某行政主管描述自己的一项职责是"负责办公区域的清洁工作"，这可能会让人误认为此人实际上是负责保洁的。但实际上此人"负责"的方式却是"通过寻找、确定以及监督保洁公司的工作来确保办公区域的清洁"。因此，选择准确的动词非常重要。此外，如果能够用简练的语言将工作的主要流程和信息的流动方向以及工作的依据等也描述出来，无疑会使职位说明书的使用者对被描述的职位有更加清晰的认识。④任何一项工作都不是没有目的的。如果能够在职位说明书中将每一项关键职责所要实现的结果描述出来，那么无疑会增强职位描述的结果导向性，强化职位所要实现的绩效结果。

第二节 技能薪酬体系

一、技能薪酬体系的内涵和特点

（一）技能薪酬体系的内涵

1. 技能薪酬体系的概念

技能薪酬体系（又叫技能薪酬计划）是一种以人为基础的基本薪酬决定体系，其含义有狭义和广义之分。狭义的技能薪酬体系通常是指所从事的工作比较具体，所需技能能够被清晰界定的操作人员、技术人员以及专业技能人员的一种薪酬制度。广义的技能薪酬体系是指组织根据员工所掌握的与工作有关的技能、能力以及知识的深度和广度支付基本薪酬的一种薪酬制度，包括狭义的技能薪酬体系和能力薪酬体系。

2. 技能薪酬体系的行业适用性

近年来，技能薪酬体系被广泛应用于电信、金融、制造业及其他一些服务性行业，在全球范围内已经成为一种重要的薪酬体系。具体而言，技能薪酬体系比较适合以下行业：①运用连续流程生产技术的行业，如石油、化工、冶金、造纸等行业；②运用大规模生产技术的行业，如汽车及其零部件生产制造、电子计算机生产等行业；③服务行业，如金融、餐饮等行业；④运用单位或小批量生产计划的行业，如服装加工、食品加工等行业。

（二）技能薪酬体系的基本类型

技能通常可以被划分为深度技能和广度技能两种类型。

1. 深度技能

深度技能即通过在一个范围较为明确的具有一定专业性的技术或专业领

域中不断积累而形成的专业知识、技能和经验。在这种情况下，员工要想达到良好的工作绩效，一开始可能需要胜任一些相对比较简单的工作，这种深度技能的培养往往是沿着某一专业化的职业发展通道不断上行的一个过程。事实上，大学教师的技能和职业发展就是一种典型的深度技能的积累过程。由于专业化的要求，大学教师的教学和研究领域相对较窄，他们往往是在某一领域中不断积累和提高自己的水平，而不是什么课程都去教，什么研究都去做。

2. 广度技能

与深度技能不同，广度技能往往要求员工在从事工作时运用其上游、下游或者同级职位上所要求的多种一般性技能。它通常要求任职者不仅能够胜任自己职位范围内需要完成的各种工作，而且能够胜任本职之外的其他职位需要完成的一般性工作。例如，在一些基层医疗单位或社区医疗机构，医疗服务人员需要具备非常广泛的各类医疗知识，因为他们主要不是从事专业化水平很高、难度很大的研究和治疗工作，而是完成一些基本的医疗诊断和处理工作。所以，这些医生往往需要具备一些广度技能。

（三）技能薪酬体系的优点和缺点

1. 技能薪酬体系的优点

技能薪酬体系的优点主要表现在以下几个方面：

第一，技能薪酬体系向员工传递的是关注自身发展和不断提高技能的信息，它激励员工不断获取新的知识和技能，促使员工在完成同一层次以及垂直层次的工作任务方面具有更大的灵活性和多功能性，从而不仅有利于组织适应市场上快速的技术变革，而且有利于培养员工的持续就业能力，增强其劳动力市场价值。技能薪酬实际上是根据员工按照组织要求所掌握的工作技能，而不是某一特定职位所要求的技能来提供报酬。它的这种特征对于医疗保健机构这类专业技术组织尤其有用，因为员工只有持续不断地学习新的病例、新的医疗程序，了解新的药品以及新的治疗方法，才能确保整个组织的医疗水平和市场竞争力。

第二，技能薪酬体系有助于达到较高技能水平的员工获得对组织的全面理解。这是因为员工掌握的技能越多，他们就越能成为一种弹性的资源，不仅能够扮演多种角色，而且能够获得对整个工作流程甚至整个组织的全方位理解。

一旦员工更好地理解整个工作流程以及自己对组织做出的贡献的重要性，就会更好地提供客户服务，更努力地去帮助组织实现其战略目标。

第三，技能薪酬体系在一定程度上有利于鼓励优秀专业人才安于本职工作，而不是去谋求报酬虽然很高但本人并不擅长的管理职位。技能薪酬体系有利于防止组织出现两个方面的损失：①因为失去优秀技术专家所遭受的损失；②由于接受了不良的管理者而遭受的损失。事实上，我国企业中过去长期存在官本位思想，大批优秀的工程技术人员最后以当领导而不是技术水平的持续领先作为自己事业成功的重要标志，结果导致企业在技术和管理方面遭受双重损失。其中最重要的原因就是企业的薪酬体系设计是以职位等级或行政级别为导向的，而不是以技能为导向的。

第四，技能薪酬体系在员工配置方面为组织提供了更大的灵活性，这是因为员工的技能区域扩大能够使他们在同伴缺勤的情况下替代同伴工作，而不是被动等待。同时，由于技能薪酬为员工所获得的新的知识和技能支付报酬，因此技能薪酬体系对于新技术的引进非常有利。此外，在实行工作分享和自我指导工作小组的组织中，员工的这种灵活性和理解力是至关重要的。

第五，技能薪酬体系有助于高度参与型管理风格的形成。由于薪酬与员工对组织的价值联系在一起，而不是与其所完成的任务联系在一起，因此，员工的关注点是个人以及团队技能的提高，而不是具体的职位，并且技能薪酬体系的设计本身需要员工的高度参与。这种薪酬体系有助于强化高度参与型的组织设计，提高员工的工作满意度和组织承诺度，从而在提高生产率、降低成本、改善质量的同时，降低员工的缺勤率以及离职率。

2. 技能薪酬体系的不足

技能薪酬体系也存在一些潜在的问题，主要表现在以下三个方面：

第一，技能薪酬体系的投资回报率可能会很低。由于企业往往要在培训以及工作重组方面进行投资，员工的技能会普遍得以提高，很有可能导致薪酬在短期内上涨。由于技能薪酬体系要求企业在培训方面给予更多的投资，如果企业不能通过管理将这种人力资本转化为实际的生产力，就可能无法获得必要的利润。技能是一种潜在的生产力，如果不能通过有效的管理使这种潜在的生产力变成实际的生产率和绩效，企业根据技能支付薪酬也同样无法实现自己的目标。有研究指出，在资本密集型的制造业中通常要比在劳动密集型的制造业中更有可能成功地实施技能薪酬计划，因为人工成本的上涨在资本密集型的制造业中不会给企业的总成本带来较大的不利影响。如果员工生产率的提高不能抵消因此额外增加的劳动力成本，则企业的薪酬成本可能会出现超额增长。

第二，技能薪酬体系可能导致管理的复杂化甚至官僚主义。职位薪酬体系受到的批评之一就是其具有官僚性。然而，技能薪酬体系同样面临这种危险，这是因为这种薪酬体系的设计和管理要比职位薪酬体系更为复杂，它要求企业有一个更为复杂的管理机构，其中至少要包括制定和管理资格认证体系，对每一位员工的原有技能水平以及在不同技能层级上取得的进步进行评估和记录，同时还要设计和管理技能开发体系等。

第三，对技能等级的评估比较困难。因为不同类型的职位所要求的技能的内容及其层次会有很大的差别，所以必须针对不同类型的职位和人员分别制定技能等级评价标准，这就会导致对员工的技能进行评估需要消耗大量的时间和精力。此外，对技能水平评估的客观性和准确性往往要低于对职位的重要性进行评估时所能达到的水平，因而技能评估的公平性更难以保证。在实践中，对于技能水平明显较高和明显较低的员工的技能等级评定比较容易，但是对于处于中间状态的员工的技能水平，在评定时有可能会出现一些争议。

二、技能薪酬体系的设计流程

技能薪酬体系设计的重点在于开发一种能够使技能和基本薪酬联系在一起的薪酬计划，其基本流程如下：

（一）建立技能薪酬体系设计小组

设计技能薪酬体系通常需要建立两个层次的组织：一是由企业高层领导小组组成的指导委员会；二是具体执行任务的设计小组。此外，还有必要挑选出一部分员工作为主题专家，他们的作用是在设计小组遇到各种技术问题时提供协助。

一种典型的技能薪酬体系通常只在一个组织的一个或多个单位中实行，而不在整个组织中实行。因此，为了确保技能薪酬体系与组织整体薪酬逻辑之间的一致性，就需要建立一个由企业的高层管理人员组成的委员会。委员会的主要作用包括：①确保技能薪酬体系的设计与组织总体的薪酬管理哲学以及长期经营战略保持一致。②制定技能薪酬体系设计小组的章程并且批准计划。③对设计小组的工作进行监督。④对设计小组的工作提供指导。⑤审查和批准最终的技能薪酬体系设计方案。⑥批准和支持技能薪酬体系。

设计技能薪酬体系的关键点在于，要将技能薪酬体系所覆盖的那些人吸收进来。一个典型的技能薪酬体系设计小组应当主要由那些将要执行这种薪酬体系的部门的员工组成，除这些人之外，设计小组还应当包括来自人力资源管理部门、财务部门、信息管理部门的代表。在存在工会的情况下，设计小组还应当就可能会影响雇佣合同的所有问题向作为员工法定代表的工会进行咨询。

虽然设计小组中的一些成员也可能充当问题专家，从而在技能薪酬体系的设计过程中提供信息和资源，但是，设计小组仍然有必要到小组之外寻找能够对方案设计过程中涉及的各种技术问题提供咨询的大量专家。这些专家可以包括员工、人力资源管理部门的代表、组织开发和薪酬方面的专家以及其他一些具备工作流程知识的人。设计小组的规模取决于准备采用技能薪酬体系的每一类职位或者工作的数量。通常情况下，某一种职位的员工数量越多，则这种类型的员工在设计小组中的人员数量也就越多。设计工作小组至少应当由来自不同层次和部门的五个人组成，才能开展工作。

（二）进行工作任务分析

开展技能薪酬体系设计的首要工作是详细、系统地描述所涉及的各种工作任务。如有必要，还需要将工作任务进一步分解为更小的工作要素。根据这些详细的工作描述，就可以分析出与不同层次的绩效水平相对应的技能水平。

为了清楚地了解在一个组织中所要完成的所有工作任务，有必要依据一定的格式规范将这些工作任务描述出来。根据这些标准化的任务描述，我们就能理解为了达到一定的绩效水平所需要的技能层次。在描述工作任务时，分析者所面临的一个关键决策是，在任务描述中到底应当使信息详细到什么程度。作为一个一般性的规则，在一份任务描述中所列举的细节的数量取决于编写任务描述的目的。详细的工作任务信息对于培训活动而言是最适合的。但是刚开始进行一项技能分析活动时，工作任务描述可以相对简单一些，只要强调所需完成的工作以及完成这些工作所需的必要行为就可以了。

通常情况下，进行工作任务分析，通常使用"5W1H"分析法，包括：①要做什么（what）？②为什么要做（why）？③对谁做（who）？④在哪里做（where）？⑤什么时候做（when）？⑥如何做（how）？

（三）评价工作任务，创建新的工作任务清单

这一步实际上是要求设计小组在对工作任务进行分析的基础上，评价各项工作任务的难度和重要程度，然后重新编排任务信息，对工作任务进行组合，从而为技能模块的界定和定价打下基础。

在获得了相关职位或工作的工作任务描述以后，技能薪酬体系设计小组还要根据需要重新对工作任务信息进行编排。

在对工作任务进行评价时需要主题专家的帮助。例如，在开始运用任务重要性这一尺度对组合起来的任务清单进行评价时，就应当由一位受过训练的工作分析人员与主题专家进行面对面的交谈。工作分析人员应当原原本本地向主题专家说明工作任务评价的程序，然后促使主题专家思考还有哪些工作任务需要增加到工作任务清单中。如果遇到的新的工作任务特别多，那么让主题专家将工作任务加以扩充或者对任务再次进行评价就很有必要了。评价结束以后，还需要对工作任务进行重新组合，以便将组合好的工作任务模块分配到不同的技能等级中，然后再设法对它们进行定价。

对工作任务进行组合的方法有两种：统计方法和观察方法。统计方法是指通过要素分析的方法，运用重要性和难度这两者之中的至少一个评价要素来对工作任务进行分组。而观察方法则是指由受过训练的工作分析专家和主题专家一起将工作任务分配到不同的组别之中。在对工作任务进行类别区分时通常需要遵循下列几个步骤：①陈述每一项工作任务并将其分别写在一张纸片或者卡片上（最好有索引卡）。②根据一种规则将具有某些共通性的工作任务陈述归并到一起。主题专家应当重点考虑与工作有关的描述性字句，这种描述性字句的例子包括技术的和人际的、管理的和非管理的、机械的和非机械的、体力工作和脑力工作等。这项工作必须由主题专家来完成，并且至少要有两名主题专家参与。③每一名主题专家都分别对完成归类的工作任务陈述进行比较，从而确定他们对这种分类是赞同还是不赞同。④将主题专家召集到一起来讨论这些任务组合，阐述将这些工作任务划分到或不划分到某些任务类别中的理由是否

充分。⑤根据讨论结果，通过将工作任务在不同的任务类别之间进行转换或者新建任务类别来重新界定工作任务类别。这一过程应当一直持续到大家的意见一致时为止。⑥根据每一个工作任务类别所代表的任务类型给每一个任务类别起一个名字。这些工作任务类别所代表的就是不同等级的技能。

（四）确定技能等级模块并为之定价

1. 技能等级模块的界定

技能等级模块，即员工为了按照既定的标准完成工作任务而必须能够执行的一个工作任务单位或者一种工作职能。我们可以根据技能模块中所包括的工作任务的内容来对技能模块进行等级评定。

2. 技能模块的定价

对技能模块的定价实际上就是确定每一个技能单位的货币价值。虽然这一操作步骤的重要性得到了广泛的认可，但是至今也没有一种标准的技能等级定价方法，即并不存在一种能够将技能模块和薪酬联系在一起的标准方式。尽管如此，在对技能模块定价时，任何组织都需要做出两个基本决定：一是确定技能模块的相对价值；二是确立对技能模块定价的机制。通常情况下，我们可以按照下列几个维度来确定技能模块之间的相对价值：①失误的后果，指由于技能发挥失误所导致的财务、人力资源以及组织后果。②工作相关度，指技能对完成组织认为非常重要的那些工作任务的贡献程度。③基本的能力水平，指学习一项技能所需要的基本的数学、语言以及推理方面的知识。④工作或操作的水平，指工作中所包括的各种技能的深度和广度，其中包括平行工作任务和垂直工作任务。⑤监督责任，指该技能等级涉及的领导能力、小组问题解决能力、培训能力以及协作能力等的范围大小。

当然，在实际操作过程中，很多企业可能并不会去费力地对每一个技能模块进行定价。更常见的情况是，企业根据一定的规则确定员工的技能水平，然后根据这种技能水平的总体评估来确定员工的薪酬。

（五）技能的分析、培训与认证

设计和推行技能薪酬体系的最后一个阶段是关注如何使员工置身于该计划之中，对员工进行培训和认证。在对员工的现有技能进行分析的同时，还要制订出培训计划、技能资格认证计划以及追踪管理工作成果的评价维度。

1. 员工技能分析

对员工进行技能分析的目的在于确定员工当前处于何种技能水平上。员工技能的评价者应当由员工的直接上级、同事、下级以及客户共同构成。这些人主要从各自不同的角度向被评价员工的上级提供评价意见。不过，有时同事之间的相互评价要慎用，尤其是在同事之间人际关系紧张时。同时，在进行实际的技能评价之前，评价的各方应当能够对评价标准达成共识。

2. 培训计划

由于技能分析与评价能够确定每位员工的实际技能水平，因此，它所提供的信息对于制订员工的培训计划而言是相当重要的。员工培训计划需要确定两个要素：第一个要素是通过技能评价来确定培训需求。要形成一个完善的培训计划，首先要对与工作相关的各项技能进行分析。对培训需求的确定还需要得到员工自身希望提高的一些不足之处（如基本能力的缺乏，数学、语言、推理、人际管理和沟通能力的不足等）。第二个要素是确定培训方法。现在可以使用的培训方法有很多，如在职培训、公司内部培训、师傅辅导计划、工作轮换、供应商提供的培训、大学或学院培训。

3. 技能等级或技能资格的认证与再认证

实施技能薪酬体系的最后一个环节是设计一个能够确定员工技能水平的技能认证计划。该计划应包含三个要素：认证者、认证所包含的技能水平，以及员工通过何种方法表现出自己具备某种技能水平。

在技能薪酬体系中，认证者可以来自内部，也可以来自外部。内部认证者主要是员工的上级和同事以及员工所从事工作领域的专家。通常情况下，在技能薪酬体系中都会组织这样一个认证委员会，因为这种由委员会进行的技能评价与由上级来主持的技能分析和评价相比，会更加公正和客观。外部认证主要是指一些由大学、商业组织以及政府发起的考试和认证计划，这些外部认证机构通常也是比较公正和客观的。但是，由于外部认证者缺乏对员工所处工作环境的了解，而可能导致认证失真。此外，员工在工作场合以外的地方获得了某种知识和技能，并不意味着他一定能够将其应用到企业的具体工作环境中。

技能等级认证和评定很重要，而在技能认证完成以后，每隔一段时间对员工的技能进行重新认证同样重要，因为只有这样才能确保员工继续保持已经达到的技能水平。与此同时，随着技术的更新，技能等级的含义本身也在发生变化，因此，企业需要根据自身技术水平的更新以及进步情况，随时修订自己的技能等级定义，并且进行技能等级的重新认证。缺乏重新认证规定的技能薪酬体系会很容易遇到机会主义的问题，即已经达到某种技能等级的员工在实际工作中并未发挥相应技能等级的作用，但是他们可以得到与自己曾经达到的技能水平相对应的薪酬水平。这一点在我国的大学中也有体现。例如，我国大学教师的薪酬水平通常与职称存在紧密联系，但是许多大学教师在评上副教授或教授之后，并没有继续保持与副教授或教授这一职称相匹配的工作业绩和工作能力。当然，这种技能等级所带来的报酬在大学中可能还不仅限于薪酬，而且包括住房补贴、出国等其他隐性福利。因此，对大学教师的工作业绩提出明确的要求，就等于是对大学教师所进行的一种技能等级再认证。

最后需要指出的是，虽然技能薪酬体系是薪酬系统中一种很普通的模式，但是很多组织因为没有足够重视该体系的设计和推行过程而以失败告终。这就提醒我们，在实施技能薪酬体系之前，必须认真剖析这种体系设计的各个方面和每一个步骤，以尽量减少体系失败的风险。

第三节　能力薪酬体系

一、能力的概念以及能力模型的建立

（一）能力薪酬体系的基本概念

基于能力的薪酬体系是根据特定职位员工的胜任力高低（知识、技能、能力的广度、深度和类型）及员工对公司忠诚度的高低来确定薪酬支付水平。基于能力的薪酬体系的设计基础是对员工的工作胜任力进行评价，即通过衡量与高绩效相关的素质与行为，以及基于职业发展通道的任职资格与职业化行为评价来替代对工作产出（绩效）的衡量。这种薪酬体系适合研发、市场等特殊领域的专业人员。

（二）能力模型的类型以及能力指标的界定和分级

很多公司在建立自己的能力模型时，往往会得到一长串非常相似的清单。研究表明，最常用的 20 种核心能力包括：成就导向、质量意识、主动性、人际理解力、客户服务导向、影响力、组织自觉性、分析性思考、观念性思考、自我控制、自信、经营导向和灵活性等。应该说这是很正常的，通过调查不同行业中的多家公司，很可能会发现，具有某种特定行为类型的人更容易成为一个绩效优秀者。

在实践中，企业可以为整个组织建立一个能力模型，也可以仅仅为某些特定的领域，如角色、职能或特定职位等建立一个能力模型。建立哪一种能力模型，关键取决于企业的需要以及希望达到的目标。能力模型通常包括以下四种类型：

1. 核心能力模型

这种能力模型适用于整个组织，它常常与一个组织的使命、愿景、价值观保持高度一致。这种能力模型适用于组织中各个层级以及各种职位上的员工，非常有利于辨认和明确与组织价值观相符的那些行为。如果一个组织希望向全体员工强调自己的价值观，如客户服务、团队合作等，那么这种核心能力模型可能是最合适的。

2. 职能能力模型

这是一种围绕关键业务职能，如财务管理、市场营销、信息技术、生产制造等建立起来的能力模型。它适用于同一职能领域中的所有员工，无论这些员工在职能中处于哪一个级别。这种能力模型的意义在于，即使在同一个组织中，在不同的职能领域中取得成功所要求的行为往往也是不一样的。职能能力模型往往有着很强的针对性，即它使一个组织可以非常明确、具体地说明自己期望看到的行为，从而推动行为的快速改变。

3. 角色能力模型

这种能力模型适用于一个组织中的某些人所能扮演的特定角色，如技师、经理等，而不是针对这些人所在的职能领域。一种比较有代表性的角色能力模型是经理人员的能力模型，这种模型涵盖了对财务管理、市场营销、人力资源管理、生产制造等各种职能领域的管理人员的能力要求。由于这种能力模型是跨职能领域的，因此，它特别适合于以团队为基础组建的组织。团队领导适用于一套能力模型，而团队成员则适用于另外一套能力模型（当然，两者之间会有大量的交叉）。

4. 职位能力模型

这是适用范围最狭窄的能力模型之一，只适用于单一类型的职位。当然，这种能力模型所针对的通常是在一个组织中有很多人从事的那一类职位，如一家寿险公司针对寿险营销人员开发的能力模型。

这几种能力模型并不是对立的，而是可以相互交叉的。在建立能力模型的同时，还必须将能力指标与一系列可观察的关键行为联系起来，从而将能力指标转换为不同级别的可观察行为，企业需要通过观察和直接询问绩效优异者是如何完成工作或解决问题的，来确定达成优秀绩效的行为特征有哪些，或者说哪些行为表明员工具备某种能力。

二、能力薪酬方案的设计及管理要求

（一）能力薪酬体系的实施前提

目前，很多企业都建立了自己的基于能力模型的人力资源管理系统。值得注意的是，虽然许多公司已经将能力作为绩效管理、人员配置或培训开发系统的一个不可分割的组成部分，但是只有很少的企业以正式的方式将能力和薪酬决策明确挂钩（当然，很多企业在制定薪酬决策时，都会综合考虑员工的能力和他们对组织的贡献）。即使是在实行能力薪酬方案的企业里，大家也在能力的定义、将能力与薪酬挂钩的目的及方式、覆盖的员工类型以及执行的力度等方面存在较大差异，并且企业实行这种薪酬方案的失败率比较高。因此，将能力模型应用于薪酬决策的做法到目前为止仍然处于一种不成熟的探索阶段。虽然从理论上而言，针对企业看重的技能、能力以及行为改变支付薪酬是非常有意义的，但是像其他薪酬体系一样，能力薪酬体系能否发挥作用，同样要看它的设计和管理是否得当。

对能力薪酬体系持明确的反对意见者认为，薪酬的确定应当建立在更为客观的基础之上，依据主观、抽象的能力评估来制定薪酬体系的做法只会导致不公平、无效以及歧视性的后果。这就提醒企业，在实施能力薪酬体系之前，必须非常慎重地考虑一些问题，其中最主要的是以下两点：

1. 是否有必要实行能力薪酬体系

企业必须从经营的角度认真考虑，衡量自身是否有从原来的薪酬体系转变成能力薪酬体系的需要。如果现有的薪酬体系运转良好，能够满足组织和员工两个方面的需要，企业可能就没有必要实行能力薪酬体系了。因为能力薪酬体系的效果到底如何还没有定论，从目前的情况来看，它只适合于某些特定的行业和企业。通常情况下，能力薪酬体系比较适合技能和行为对于强化组织的竞争力至关重要的一些行业或企业，如药品研发、计算机软件以及管理咨询等行业。

在这些行业中，知识型员工以及专业人员占了较大的比重，传统的绩效薪酬体系往往无法在这些员工身上非常有效地发挥作用。同时，这些行业的组织结构往往比较扁平，对灵活性的要求非常高，并且十分强调员工的持续开发和能力的不断提升。

此外，向能力薪酬体系转变会导致企业必须进行多项重大变革，而变革本身是要付出代价的。因为存在额外的管理和人力资源方面的其他要求，所以如果管理不善，能力薪酬体系的优点很可能会被抵消。例如，能力薪酬体系要求组织建立起对工作或角色进行评价的系统，获得确定薪酬水平的市场数据，创建能够灵活追踪各种浮动薪酬的管理系统等。此外，由于现在不是根据员工的职位而是根据能力等级来确定薪酬水平，因此，一些职位等级暂时不高的员工的薪酬水平反而有可能出现较大幅度的上涨。这样，实施能力薪酬方案很有可能会导致成本上升。所以，企业必须先确保能力薪酬体系能够给本企业带来经济价值，然后才能引用能力薪酬体系。

2. 必须将能力薪酬体系作为整体人力资源管理领域的重大变革的一部分来实施

整个人力资源管理体系必须同时向以能力为中心转移，而不能仅仅靠薪酬方案单兵突进，直接把它嫁接在原有的人力资源管理系统之上草草了事。对能力的强调必须贯穿企业的员工招募、晋升、绩效管理、培训开发以及薪酬管理的各个人力资源管理环节当中。单纯采用能力薪酬或以能力薪酬为先导进行能力模型建设，都很难获得成功。

如果以能力为中心的整体人力资源管理模式（包括能力薪酬体系）导致能力更强的人得到雇用和晋升，并且受到不断学习和改善绩效的激励，那么，它不仅能够使员工带到工作中或角色上的附加价值得到报酬，而且有助于组织更好地关注其使命及卓越绩效对其使命所产生的重要价值。这样，即使在成本增加的情况下，企业仍然有可能获得更高的利润。

在企业中建立能力模型以及相应的能力薪酬体系的基本流程如图 5-1所示。

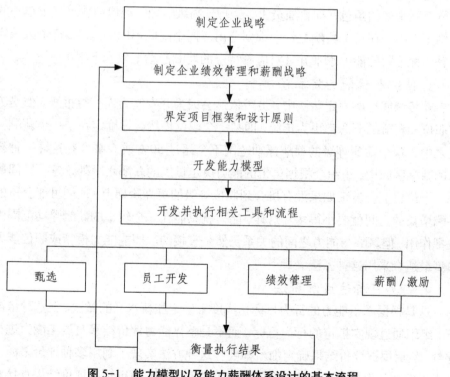

图 5-1　能力模型以及能力薪酬体系设计的基本流程

（二）能力与薪酬挂钩的几种不同方案

企业常常采取多种不同的形式将能力与薪酬挂钩。其中主要的模式有以下五种：

1. 职位评价法

将能力与薪酬挂钩的最常见方法是借助职位评价过程来实现的，即在传统的要素计点法中，用与能力相关的部分或全部要素替代传统的报酬要素。传统评价要素在衡量管理责任时，往往根据管理职位下属的人数或管理的预算规模来进行判断，而与能力有关的职位评价要素则会考虑管理方面的要求以及需要具备什么样的技能才能满足这些管理要求。

2. 直接能力分类法

直接能力分类法完全根据个人的能力情况而不是职位情况来进行基本薪酬等级的划分，是真正意义上的能力薪酬体系。在这种情况下，分类者往往根据员工所扮演的角色，如普通员工、经理、高级经理，把他们放进某个单一的薪酬宽带中。在每个薪酬宽带中都划分出三四个高低不同的区域，每个区域代表着一种不同的能力水平并且对应着特定的薪酬浮动上限和下限。

3. 传统职位能力定薪法

在传统职位能力定薪法中，员工依然会因为开发能力而获得报酬，但是关于职位和薪酬的概念都更为传统，即某一个职位仍然会被确定在某一个薪酬等级之中，这个薪酬等级的薪酬浮动范围不会超过 50% 或 60%。在这样一种狭窄的薪酬区间中，组织会根据员工的能力决定员工的薪酬水平处于这一区间的哪一个位置上。员工如果没有机会到职位等级的更高阶梯上，他们可能获得的薪酬增长的空间就要小得多。这样，能力就只能在一个较小的薪酬浮动范围内发挥作用，但薪酬与能力之间的关系仍然是直接的。职能能力模型或职位能力模型最适合采用这种办法。

4. 行为目标达成加薪法

这是根据基于能力的行为目标达成度来确定加薪水平的做法。在这种情况下，组织通过现实拟定的行为目标，而不是整体能力评价结果对员工能力进行评价，然后根据评价结果确定加薪幅度。这种方法实现了利用多种评价来源进行人力资源开发的目的，同时避免了利用多种评价来源得到的评价结果直接与薪酬挂钩时通常会存在的一些问题，如评价者在考虑到评价结果会影响被评价人的薪酬时，很可能会刻意扭曲评价结果。

5. 能力水平变化加薪法

该方法将员工的薪酬水平直接与对其总体能力水平的变化情况所做的评价挂钩，即企业首先通过多位评价者对员工的总体能力水平进行评估，然后根据员工的能力水平变化情况直接决定员工的加薪幅度。这可能是将能力和薪酬进行挂钩的最为明显的形式，同时可能也是问题最多的一种挂钩方式，将加薪这样一件严肃的事情建立在这样一种过于主观的评价结果之上，会导致一些个人偏见进入评价过程。对于那些将多位评价者的评价结果用于人力资源开发目的的企业而言，这种挂钩方式的问题尤其突出，因为，一旦能力变化情况直接与薪酬挂钩，评价者可能会有意控制评价结果。

第四节 绩效薪酬体系

一、绩效薪酬概述

绩效工资针对的是相同岗位不同的任职人员，由于个人在工作能力、态度、性格、知识差异、团队意识、敬业精神等方面的差异或是相同岗位的同一任职人员在不同工作期内由于本人工作状态（身体状况、情绪等）的差异而导致的工作结果与企业要求的符合程度不同，员工所获得的浮动工资也就不同。绩效薪酬体系是浮动工资制度的一种形式，但它不是简单意义上的工资与产品数量挂钩的工资形式，而是建立在科学的工资标准和管理程序基础上的工资体系。绩效薪酬体系的基本特征是将员工薪酬收入的部分或全部与个人工作绩效挂钩。工作绩效是一个综合的概念，它的主体是岗位工作任务的完成情况，还包括员工对企业的其他贡献（包括团队合作、忠诚、奉献精神、创新意识等）。

绩效薪酬体系常用来将业绩和薪酬联系起来，目的是激励员工更好地工作。从广义上理解绩效薪酬体系，是个人、团队或公司的业绩与薪酬的明确联系，薪酬依据个人、团队和企业业绩的变化而具有灵活的弹性；从狭义上理解绩效薪酬体系，它是员工个人的行为和业绩与薪酬的联系。薪酬根据员工的行为表现和业绩进行相应的变化，由于员工自身的业绩和行为在较大程度上能受到自己的控制，因此，员工可以控制他们自己薪酬水平的高低，从而实现薪酬对业绩的调控目的。

在工资体系中，绩效工资是岗位价值的一部分，包含在员工标准工资内，是员工正常工作应得的报酬。但这部分薪酬不是固定的，而是根据个人不同考核期内工作绩效的差异上下浮动的。浮动的基数是员工薪酬的绩效部分，浮动的系数是员工工作绩效的系数。绩效系数是员工实际工作绩效与岗位标准要求的比值，是员工绩效的结果。当员工工作绩效超过岗位要求时，绩效系数就会超过1，员工收入就会超过标准工资；当员工工作绩效与公司要求不适应或不满足岗位要求，绩效系数就会小于1，员工收入就会小于其标准工资，个人应得收入就会减少。因此，绩效工资是与个人工作业绩挂钩的具有准确核算依据的常规性工资项目，不是效益奖金，也不是利润分红。

（一）绩效薪酬设计的原则与目标

绩效薪酬设计的基本原则是通过激励个人提高绩效来促进组织绩效的提高。即通过绩效薪酬来传达企业绩效预期的信息，刺激企业中所有的员工努力提高绩效来达到企业提高绩效的目的；使企业更关注结果或独具特色的文化与价值观；能促进高绩效员工获得高期望薪酬；保证薪酬因员工绩效的不同而不同。

在设计绩效薪酬时，牢记企业的目标是很有必要的。绩效薪酬设计是基于这样一个假设：员工的绩效因努力与薪酬间的明确关系而提高。因此，绩效薪酬设计的根本目标就是要提高绩效或企业生产力，以及将个人绩效薪酬作为企业进行变革的手段，鼓励价值观的改变。

（二）建立绩效薪酬设计的基础

绩效认可是在设计任何绩效薪酬时都必须做出的关键决策，即薪酬在多大程度上建立在绩效基础上，绩效薪酬的关注对象，绩效薪酬的多少等。在此基础上，企业还应建立绩效管理体系，以使绩效与薪酬有效连接起来，要做到这一点，就必须达到以下要求：①员工的工作绩效是可以被度量的；②员工之间的绩效差别是可以被区分的；③可以体会到绩效差别和薪酬差别之间的关系；④业绩薪酬增长的前景将激励提高绩效行为的改变；⑤个人和组织绩效之间存在可以建立的联系。

二、基于绩效薪酬的设计

绩效薪酬设计包括绩效薪酬的支付形式、关注对象、配置比例、绩效等级、分配方式以及绩效薪酬的增长方式等。

（一）绩效薪酬的支付形式

绩效薪酬的支付形式表现为企业以怎样的薪酬支付来建立与绩效的联系，这种联系有很多种，不同的企业也有不同的表现形式，可能包括常见的业绩工资、业绩奖金和业绩福利，也可能包括股票或利益共享计划等形式。就实施绩效薪酬不同层次的员工来讲，也存在很大差别。企业可以支付许多不同类型的绩效薪酬，如员工可以因销售的增长、产量的提高、对下属的培养、成本的降低等得到绩效薪酬；一般来讲，企业高层员工可能更倾向于中长期绩效薪酬激励，而低层员工更倾向于短期的绩效薪酬激励。依据不同的支付方式，企业提供的绩效薪酬频率各不相同，可能是每月进行一次支付，也可能是一季度或一年进行一次支付。

（二）绩效薪酬关注的对象

绩效薪酬关注对象的确定受到企业文化价值观和不同发展阶段的战略等因素的影响，如绩效从个人层面上得到衡量，那么每个人得到的绩效薪酬是建立在他的绩效基础上的，个人绩效在企业中得到最大化体现，有利于强化个人的行为与结果，但可能不太能满足团队协作和最大化团队绩效的要求。绩效薪酬也可以通过向一个团队或单位的每一个员工提供一种群体绩效薪酬，即基于团队、业务单位或整个组织的绩效。还可以先衡量团队或单位的绩效来确定绩效薪酬总额，然后依据员工个人绩效对绩效薪酬总额进行划分，员工获得的绩效薪酬是基于自身的绩效。

（三）绩效薪酬的配置比例

绩效薪酬种类很多，绩效薪酬在不同部门或不同层次岗位中的配置标准也不一。这里，我们仅以其中一种业绩工资进行说明。业绩工资的配置标准与各个岗位的工资等级和对应的外部薪酬水平相关；与个人或团队的业绩联动，使得员工或团队可以通过对业绩的贡献来调节总体工资水平。具体配置有两种方法：第一种是切分法，先依据岗位评价和外部薪酬水平确定不同岗位的总体薪酬水平（100%）＝基本固定工资（50%）＋业绩工资（50%）；第二种是配比法，先依据岗位评价和外部薪酬水平确定各个岗位的基本固定工资水平，这时应考虑薪酬水平的市场定位。在这种情况下，基本工资水平应定位于市场薪酬水平的相对低位，再在各个岗位基本工资的基础上上浮一定比例，使各个岗位薪酬的总体水平处于市场薪酬水平的中高水平，如某岗位的薪酬总体水平＝基本固定工资＋业绩工资（业绩工资为基本工资的40%）。这样，在员工没有达到或低于预期业绩标准时，其总薪酬水平将低于市场水平；而当达到或高于业绩标准时，其总薪酬水平就会持平或高于市场薪酬水平，从而达到让员工按业绩控制自己的薪酬而激励绩效的目的。

（四）绩效等级

绩效等级是依据绩效评估后对员工绩效考核结果划分的等级层次。一方面，它与具体的绩效指标和标准有关，也与企业考核的评价主体和方法有关；在做到公正、客观地对员工绩效进行评价的基础上，绩效等级的多少和等级之间的差距将会对员工绩效薪酬的分配产生很大影响。另一方面，在设计绩效等级时还要考虑绩效薪酬对员工的激励程度，等级过多会造成差距过小，会影响对员工的激励力度；等级过少则会造成差距过大，会影响员工对绩效薪酬的预期，使员工丧失进步的动力。

（五）绩效分布

确定了企业绩效等级以后，还应明确不同等级内员工绩效考核结果的分布情况，即每一等级内应有多少名员工或百分之几的员工；通常来讲，企业员工的绩效分布基本符合正态分布规律，即优秀的占10%～20%，中间的占

60% ～ 70%，而差的占 10% 左右。严格的绩效分布有利于对员工的绩效进行区分，也有利于使评价结果趋中。

（六）绩效薪酬分配方式

绩效的分配是指绩效薪酬如何在个人或团队中进行分配。一种是绩效薪酬直接依据个人绩效进行分配；另一种是绩效薪酬先在团队间进行分配，然后再依据个人绩效进行分配。在团队间进行分配又包含两种形式，即完全分配和不完全分配。完全分配是将企业计提的绩效薪酬总额在团队与员工之间进行彻底划分；而不完全分配是在控制绩效薪酬总量的情况下，在团队与员工之间依照考核等级进行层次分配，绩效薪酬总量存在一定剩余。

（七）绩效薪酬增长

员工薪酬增长不同是因为不同的企业执行标准不一样，主要表现为职务晋升调薪、岗位调动调薪、资历提高（工龄或任职资格等）调薪以及绩效调薪等。就绩效薪酬增长来讲，主要有两种方式：一为增加工资标准，二为一次性业绩奖励。各个企业在具体处理绩效薪酬增长时，采用的策略也有所区别。增加工资标准将长久地提高员工的工资水平，随着时间的推移，就变成了员工对薪酬的一种权利，考虑到薪酬刚性的特点，这不利于企业薪酬的灵活决策。一次性业绩奖励是对达到企业业绩标准或以上的员工一次性进行奖励支付，在数量上可以与企业的当期收益挂钩，既可以使员工感受到激励的效果，也有利于企业薪酬的灵活决策。

总之，绩效薪酬设计必须明确需要达到的目标，有效利用薪酬策略和绩效与薪酬的密切关联，使企业不必为所有的工作支付高薪，只为那些具备关键技能并能为企业创造高绩效的员工支付高薪，从而使企业既能够吸引和留住所需的拥有关键技能的人才和高绩效员工以满足战略需要，又能够对企业的成本进行控制。

三、绩效管理体系

基于绩效的薪酬体系设计要关注绩效的管理，绩效管理体系应包括如下内容：

（一）选择合适的考核工具

大部分企业采用关键绩效指标法（KI）与平衡计分卡相结合的方法。在绩效方案实施初期，可以采用动态 KI 指标考核，在 KI 指标逐步成熟后再采用静态 KI 指标。采用 KI 对部门业绩进行考核，便于保证各单位工作与公司目标相适应；采用 KI 结合平衡计分法对个人绩效进行考核，则有利于从多角度反映员工对企业的贡献。

（二）确定适合企业发展需求的考核效标体系

考核效标体系包括指标、标准、权重及考核的数据来源，这一体系必须具有合理性，能够体现岗位工作重点，并且使大部分员工能够通过努力达标。所有数据来源必须真实、准确，才能言之有据，让被考核者认可考核的公正性。

（三）确定合理的考核层次

在当前状况下，一方面，可以考虑采用单层次考核，即考核直接针对个人。对于部门的考核即对部门负责人的考核，这样有利于增强部门负责人的责任感，考核过程、核算过程较为简单、便于操作，对个人的激励性比较强。另一方面，也可以考虑采用多层次考核，即首先对部门进行考核，再对个人进行考核，部门考核结果将通过某种规则影响个人的绩效。

（四）确定合理的考核程序

确定合理的考核程序即确定谁考核谁，谁对谁负责。小组考评、360 度考评是理论家推崇的考评程序，但也存在着数据量大、难以操作、容易造成单位内部紧张的问题。对于个人的考核，采用直接上司负责制是当前的首选。对于部门考核，则适合采用逐级考核与协作部门考核相结合的方式。

（五）建立绩效监督机制

绩效监督机制包括对绩效计划执行的监督，也包括对绩效考核结果的监督。在坚持客观公正、注重实绩、员工公认原则的基础上使考核机制不断改进和完善，有效地激发员工的积极性，推动各项工作的落实。在具体实施过程中体现出以下特点：①在考核内容上，坚持注重实绩，全面考核。在确定考核目标时，坚持把握全局，突出重点，通过对重点目标的考核，带动工作任务的全面完成。②在考核方法上，坚持考察、核实和员工评议相结合，充分体现员工公认的原则，落实员工的知情权、参与权、表达权、监督权。③在考核评价上，坚持分类比较，好中选优，限定比例。④在考核结果的运用上，坚持严格奖惩和员工选拔任用相结合，考核结果的运用是考核激励约束作用的关键。

（六）建立绩效诊断和绩效反馈机制

建立绩效诊断和绩效反馈机制即对绩效结果的全面分析判断，推广优秀经验，改善落后绩效，形成良性循环，同时包括员工绩效申诉制度。

（七）绩效应用及作用

绩效管理体系的建立不是为了奖惩，而是为了提高个人乃至整个组织的绩效。绩效可以被应用在工资、奖惩、内部人才筛选、组织学习与培训等方面。具体的作用体现在以下几个方面：

1. 激励作用

绩效考核目标明确、责任到人、注重实绩、奖罚分明，可有效地激发员工的工作热情，增强团队的凝聚力和战斗力，形成良好的工作和用人导向。

2. 推动作用

考核目标涵盖主要工作任务，通过明确责任目标、跟踪监控、考核奖惩，推动工作绩效的进一步提升。

3. 依据作用

实绩考核可以为准确了解、评价和使用员工提供一个比较客观公正的衡量标准，能较好地克服以往的考察评价凭印象、想当然等主观因素。

4. 约束作用

只讲约束，没有激励，难以调动积极性；只讲激励，没有约束，难免会出问题。在考核实践中，考核的标准本身就是对员工的一种教育、一种约束，通过制订考核目标，使员工明确要做什么、要达到什么样的要求。

第六章　薪酬管理的实施与调整

第一节　薪酬预算

薪酬预算，即企业管理者在薪酬管理过程中进行的一系列成本开支方面的计划、权衡和取舍的控制行为。薪酬预算是薪酬控制的重要环节，准确的预算可以保证企业在未来一段时间内的薪酬支付受到一定程度的协调和控制。

薪酬预算要求管理者在进行薪酬决策时，综合考虑企业的财务状况、薪酬结构及企业所处的市场环境因素的影响，确保企业的薪酬成本不超出企业的承受能力。

在设计薪酬预算时，须考虑几个基本问题：①薪酬的增长机制与人力成本的控制，即薪酬平均水平在逐年增长的同时，人力成本率是下降的。②员工个人工资增长机制，即员工个人工资的增长幅度要根据市场价位、员工个人劳动贡献和个人能力的发展来确定，对贡献大的员工，增薪幅度要大；对贡献小的员工，不增薪或减薪。③确定人力成本的支出与销售额、销售利润的比例关系。

一、薪酬预算的环境分析

影响企业确定薪酬预算的因素有很多，一般从外部环境和内部环境两方面来分析。

（一）薪酬预算的外部环境分析

企业外部环境分析主要是针对市场情况、市场薪酬水平、市场薪酬变化趋势、标杆企业或竞争对手的薪酬支付水平等方面的了解，主要包括：①市场情况，即企业在未来一年内会快速增长、稳定增长还是萎缩，这决定了企业的战略和对人力资源的需求。②市场薪酬水平，包括基准职位的市场薪酬水平，该职位的平均薪酬水平、最高薪酬水平和最低薪酬水平，该职位薪酬水平分布最集中的区域，该职位薪酬的一般构成比例等。③市场薪酬变化趋势，即薪酬是匀速增长、迅速增长还是下降。④标杆企业或竞争对手的薪酬支付水平，即该企业目前薪酬支付水平、薪酬总额、关键岗位的薪酬水平等。

（二）薪酬预算的内部环境分析

企业内部环境分析是指对企业薪酬支付能力、薪酬策略、薪酬结构、人力资源流动情况、招聘计划、晋升计划、薪酬满意度等人力资源政策各方面的了解，主要包括：①企业支付能力，包括劳动分配率、薪酬费用率和薪酬利润率三项指标，一般选用同行业平均水平或标杆企业进行比较。②薪酬策略包含三方面。一是薪酬水平策略，即是领先型、跟随型还是滞后型；二是薪酬激励策略，即重点激励哪些人群，采用什么样的激励方式；三是薪酬结构策略，即薪酬的构成及其比例、薪酬的层级及其关系。③人力资源流动情况，即预计有多少员工会离开公司。⑤招聘计划，即公司准备吸收多少新员工，是应届毕业生还是有工作经验者。⑥晋升计划，即公司准备提拔多少员工，提拔到什么等级，员工提拔后给予什么样的薪酬待遇。⑦薪酬满意度，即员工对薪酬的满意程度，对薪酬的哪些方面最不满意。

二、薪酬预算的目标

从某种意义上讲，薪酬实际上是企业和员工之间达成的一项隐性契约，它体现了雇佣双方就彼此的付出和给予达成的一致性意见。正是凭借这一契约，员工和企业之间的交换才得以实现。因此，在做薪酬预算时，企业一般希望凭借这一举措实现以下两方面的目标：

（一）合理控制员工流动率，同时降低企业的劳动力成本

当从员工方面得到的收益逐渐增多时，企业在购买劳动力时需要支付的成本也在逐渐上升。因此，在企业劳动力成本的变动过程中，一定会出现企业的边际劳动力成本等于它所获得的边际劳动力收益的情况，即达到所谓的均衡状态的一点。而薪酬预算最为重要的目标就在于找到这一均衡点，以实现劳动力成本和企业收益之间的平衡，保证企业所有者的收益最大化目标能够得以实现。

（二）有效影响员工的行为

具体而言，薪酬预算能够施加影响的员工行为主要包括两个方面，即员工的流动率和绩效表现。

员工的流动率受雇佣关系中诸多因素的影响，而薪酬水平是其中非常重要的一个影响因素。企业期望与大多数员工建立起长期而稳定的雇佣关系，以充分利用组织的人力资源储备，并节约在招募、筛选、培训和解雇方面所支出的费用；而员工通常会要求得到至少等于、最好超过其自身贡献的回报，否则就有可能终止与企业的雇佣关系。鉴于此，企业在做薪酬预算时，必须考虑如何才能有效地控制劳动力成本，同时还能保持一个较合理的员工流动率。

员工的绩效表现对于企业而言也至关重要。为促使员工有优良的绩效，一种最简单的方法就是直接把绩效要求与特定岗位结合在一起，员工在与企业建立起雇佣关系的同时就已经明确其需要达到的绩效标准。从薪酬预算的角度而言，如果企业在绩效薪酬或者浮动薪酬方面增加预算，而在基本薪酬的增长方面则注意控制预算的增长幅度，然后再根据员工的绩效表现提供奖励，那么，员工必将会重视自身职责的履行以及有效业绩的达成，而不是追求岗位的晋升。

三、薪酬预算的步骤

（一）确定公司战略目标和经营计划

首先，需要确定下一年公司的战略是快速扩张、适当收缩、稳步增长还是

转换领域，这决定了公司整体对人力资源的需求，同时也会影响公司薪酬总额预算。其次，还要确定公司下一年的经营目标，如收入、利润、增加值、产值等指标，这是决定薪酬总额的基础。一般而言，如果有可能，还应将目标分为基础目标、努力目标和最低目标，以分别计算对应的薪酬总额。最后，还应确定下一年的组织结构、岗位设置，因为一方面组织结构的变动会影响员工人数，另一方面组织结构的变动也会带来员工岗位工资部分的变动。

（二）分析企业支付能力

衡量公司支付能力的指标有三种，即薪酬费用率、劳动分配率和薪酬利润率。

薪酬费用率的计算公式为：

$$薪酬费用率 = \frac{薪酬总额}{销售额}$$

由上式可以看出，如果公司的销售额较大，则薪酬总额也应当相对地增加，因为公司的支付能力较强，同样，如果销售业绩不好，则应相应地减少薪酬总额。因此，根据过去的经营业绩计算出薪酬费用率，再根据这个比率和下一年预期销售额，求出合理的薪酬总额。

劳动分配率的计算公式为：

$$劳动分配率 = \frac{薪酬总额}{附加价值}$$

其中，附加价值 = 销售额 – 从外部购入价值（物料 + 外包加工费用）。

根据劳动分配率可以求出合理的薪酬费用率，公式如下：

$$薪酬费用率 = \frac{薪酬总额}{销售额} = \frac{附加价值}{销售额} \times \frac{薪酬总额}{附加价值}$$

薪酬利润率的计算公式为：

$$薪酬利润率 = \frac{利润总额}{薪酬总额} \times 100\%$$

该指标表明，公司每支付一单位的薪酬将会创造多少利润。在同行业中，薪酬利润率越高，表明单位薪酬取得的经济效益越好，人工成本的相对水平越低，公司薪酬提升的空间也越大。

（三）确定企业薪酬策略

薪酬策略是指将企业战略和目标、文化、外部环境有机地结合起来，从而制定的对薪酬管理的指导原则，薪酬策略对薪酬制度的设计与实施提出了指导思想。它强调的是相对于同规模的竞争性企业来讲其薪酬支付的标准和差异。

企业的薪酬策略既要反映组织的战略需求，又要满足员工期望。薪酬与组织及其外部环境之间存在着一种依存关系，与企业的发展战略是契合的。薪酬策略对企业发展战略的支持作用表现在通过薪酬策略向员工发出企业期望的信息，并对那些与企业期望一致的行为进行奖励。

薪酬策略包括：①薪酬水平策略，即领先型、跟随型还是滞后型。②薪酬激励策略，即重点激励哪些人群，采用什么样的激励方式。③薪酬结构策略，薪酬应当由哪些部分构成，各占多大比例；薪酬分多少层级，层级之间的关系如何。

（四）诊断薪酬问题

对薪酬的诊断可以从一些指标和数据入手，包括薪资均衡指标、递进系数、重叠度、幅宽等。

（五）分析人员流动情况

分析人员流动情况实际上是对人力资源需求和供给的预测，主要包括总人数的预测、有多少员工被提拔到上一层级、新增多少员工、有多少员工离职等。

（六）确定薪酬调整的总额以及整体调整幅度

首先，确定薪酬总额调整的依据，即依据利润、增加值还是销售收入来提取薪酬总额。其次，确定薪酬费用率、劳动分配率和薪酬利润率的目标值。一般而言，可以根据行业内的平均水平或标杆企业的水平确定。再次，依据经营目标、历史工资水平测算出预期薪酬总额。最后，据此计算薪酬调整的总额，并按照薪酬激励策略和原来各部门在薪酬总额中所占的比重、各部门的业绩，确定各部门的薪酬调整的总额。

在将薪酬分配到各部门时，还应考虑不同薪酬模式的区别。例如，生产系统依据计件发放薪酬，销售系统依据提成发放薪酬，高管依据年度业绩发放年薪等。同时，应当预留部分薪酬作为年底奖金和调节之用。

（七）调整员工薪酬

调整员工薪酬需要事先确定规则，例如，是依据资历进行薪酬调整，还是依据绩效进行薪酬调整等。为了激励员工努力工作，创造更好的业绩，一般应考虑依据业绩调薪，即绩效调薪。

绩效调薪是指根据员工的绩效考核结果对其基本薪酬进行调整，调薪的周期一般按年进行。绩效调薪的确定涉及两个因素：一是员工绩效水平的高低，绩效水平越高，调薪的量也应该越高，绩效平平的员工不应获得绩效提薪，应下调绩效水平差的员工的基础工资；二是该员工在其工资范围中所处的位置，如果该员工所获得的报酬已处于工资范围的上端，那么为了降低企业的成本风险，其绩效调薪量就应比处于工资范围下端而绩效结果与之相同的员工要低。

（八）根据市场薪酬水平确定员工薪酬水平

在经过以上两个步骤计算后，需要从另一个角度考虑，即根据市场薪酬水平和薪酬策略确定员工的薪酬水平。例如，外部市场薪酬调研显示，A 岗位的薪酬水平在过去一年内明显上涨了 20%，因此原定的薪酬水平已经不能保证公司的薪酬对 A 岗位员工的吸引力，公司必须对此做出相应的薪酬调整。

（九）反复测算最终确定

自上而下法，即先由决策者决定公司的总体薪酬预算总额以及加薪的幅度，然后将预算总额分配至各部门，再由各部门分配到每一个员工。其主要优点是容易控制整体的薪酬成本；主要缺点是预算缺乏灵活性，因主观因素多而降低了预算的准确性，不利于调动员工的积极性。

自下而上法，即先估算各部门、各岗位需要的薪酬数量，再汇总并编制出整体预算。其主要优点是灵活性高，接近实际，容易使员工满意；主要缺点是不容易控制薪酬成本。

需要注意的是，这两种方法得到的数值存在一定的差距，因此需要反复测算，不断进行调整，最终使两种方法测算得出的数据趋于一致，并作为最终的薪酬预算。

第二节　薪酬控制

一、薪酬控制的含义和功能

所谓控制，是指为确保既定方案顺利落实而采取的各种相关措施。在企业的实际经营中，正式的控制过程往往包括以下几步：①确定相关标准及若干衡量标准；②将实际结果和既定标准进行比较；③如果两者之间存在差距，明确并落实补救性措施。

具体到薪酬管理方面，企业通过薪酬预算对自身薪酬方面的具体标准和衡量指标已有较清晰的认识，进而采用薪酬控制，以确保这些预定标准顺利实现。薪酬控制贯穿于薪酬管理全过程，具体而言，在外部劳动市场方面，由于企业在进行薪酬预算时，通常是对市场平均薪酬水平、薪酬变动幅度等因素进行了大致的估计或预测，因此，针对实际情况进行及时调查、及时调整是十分必要的；以此类推，企业在进行薪酬预测时采用的内部信息往往也未必准确，同时，实际雇佣状况也存在着随时变化的可能。在这种情况下，对于企业而言，为了实现薪酬预算及其管理目标，实施有效的薪酬控制就有着重要的意义。

实际上，薪酬预算和薪酬控制被视为一个不可分割的整体。企业的薪酬预算需要通过薪酬控制来实现，而薪酬控制过程中对薪酬预算的修改意味着新一轮的薪酬预算的产生。在任何情况下，薪酬预算和薪酬控制都不能被简单看成企业一年一度的例行公事，它们是贯穿薪酬管理整个过程的。

对于薪酬控制，不仅要看到薪酬本身的高低情况，还应当从投入产出的角度去认识。因为虽然薪酬付出是成本投入，但人是最具能动性的资源，人力资源更能为企业带来可增值的资本，因此，薪酬管理者应当通过薪酬使企业获得最大限度的回报。理想的状况应当是：人工成本合理增长，进而促使企业收入加速增长，从而使企业利润最大化。这样，企业就能有效控制人工成本，实现利润最大化，员工也会对自己的收入感到满意。

薪酬控制的主要指标包括人均薪酬成本、薪酬比率和人工成本比率。这三个指标可以作为一个指标体系使用，其使用方法要遵循"一高二低"的原则，即人均薪酬成本要高，薪酬比率和人工成本比率要低。一般而言，这种情况就是人力资源高投入、高产出、高效益的表现。与此相反，最糟糕的情形就是"一低二高"，即人均薪酬成本低，而薪酬比率和人工成本比率则高。一般而言，这是人力资源低投入、低产出、低效益的表现。

对薪酬体系的运行状况进行监控，其主要目的在于对之前的预期和之后的实际状况进行对比，但究竟采取什么样的补救措施或途径，则应视具体情况而定。

二、薪酬控制的方法

控制企业薪酬成本的程序一般包括薪酬预算、薪酬水平衡量、确定薪酬总额、确定薪酬内部结构及薪酬调整等方面。其中，薪酬总额确定和薪酬调整是企业整个薪酬成本控制的重点和难点。

控制薪酬成本可以从两方面考虑：一是从生产经营的角度提高薪酬的投入产出比，这是一个积极的途径；二是从控制人工成本总量的角度谋求改善。

（一）改善生产经营管理

该途径主要是通过改善生产经营方面的措施，如增加销售收入和产品附加价值量，进而达到降低薪酬成本相对额度的目的。其主要内容如下：

1. 增加销售额

确保销售收入的上升。在其他条件不变的情况下，销售收入增加，附加价值就会随之增加，薪酬比率和劳动分配率也就相对降低。从这个意义上说，增加销售是关键。为了增加销售，在稳定原有销售渠道的基础上，还可以通过加强销售部门力量、聘任兼职销售员、全员销售等措施，开拓新的销售渠道。此外，还可以调整产品结构，根据市场需求调研，开发、生产适销对路的高附加值产品，终止亏损产品的生产等。

2. 增加产品附加值

主要是寻求低成本的要素替代，包括使用更廉价的原材料，用成本较低而生产效率较高的机器作业代替人工作业等。

对企业薪酬成本的控制，一定意义上体现为对单位产品薪酬成本的控制。相应的途径是增加有效劳动时间、提高劳动效率、降低单位产品的劳动消耗量和薪酬成本。

在生产过程中，一定时期活劳动投入和所生产产品数量决定单位产品劳动消耗量，而产品生产数量又取决于投入劳动的质量。因此，降低产品个别劳动消耗和薪酬成本，必须对活劳动的投入量和质量进行严格控制。

控制活劳动的投入量：企业活劳动投入量，是指一定时期内投入生产的劳动时间，一般称为有效劳动工时。其核心问题是要确保完成最佳的成本目标所必需的劳动量。活劳动的投入量高于最佳成本目标所需，会导致劳动时间浪费；反之，就缺少劳动能力保证。根据有效生产工时的构成，其控制的重点是劳动定员、出勤率和出勤工时利用率。

控制活劳动投入的质量：该举措旨在提高劳动资源的利用程度。因此，必须在控制活劳动投入量的同时控制活劳动质量，即控制活劳动生产效率，以一定的活劳动投入量产出更多的产品，减少单位产品的劳动消耗，降低产品成本。控制活劳动投入的质量，包括控制工时效率，控制全员劳动生产率等。同时，要提高全员劳动生产率，必须减少非生产人员，这就需要企业合理地制定各类人员定员标准，改善人浮于事的现象。

（二）降低人工成本

薪酬控制在很大程度上指的是对人工成本的控制。企业的人工成本控制可以采取以下几种方式：

1. 薪酬冻结

当人工成本过高或企业遇到了一时难以解决的资金紧张问题时，可以暂时冻结薪酬。因为短期的薪酬冻结还不至于伤及员工的积极性，一般不会引起员工的反感，他们可能认为是其他原因导致没有加薪，这样会使员工继续为企业努力工作。暂时的薪酬冻结可使企业资金流转更顺畅，节省下来的资金可以用来提高产品的质量或投入营销工作中，保证了企业生产的延续性。对于应提薪的员工，可等到企业摆脱困境，经济效益好转之时再予以提薪。

2. 提高获得奖金的难度

通过对企业当前生产率的分析，提高劳动定额，从而提高奖金的获取难度，使大部分员工都达不到这个标准而只能获得基本薪酬。

3. 延长工作时间

在薪酬标准不变的情况下，适当延长工作时间，以增加员工工作量、提高工作效率，在实际上降低了单位时间或单位产品的薪酬率，有利于人工成本的控制。但在采用此方式时，必须注意有关加班工时限制及加薪的法律规范方面的问题。

4. 压缩福利及其他费用支出

基本薪酬不宜变动，但福利、津贴和奖金的某些项目则柔性比较强，尤其是企业的各种自主性的福利项目弹性较大，如娱乐活动、带薪休假、免费旅游等。这样，通过适当压缩部分福利项目的开支，可以避免强行降薪带来的各种不利影响，如调整差旅费支出、严格控制员工免费话费，以及限制各种公费娱乐活动等。

5. 裁减富余人员

所谓富余人员，是指那些劳动边际成本超过其劳动边际收益的人员。裁减这些富余人员对企业是有利的，因为在支付薪酬水平一定的情况下，企业员工越少，企业的经济压力就越小，而富余人员又是产出效益最少的人。产出效益高的核心人才或熟练工人不应在裁员之列，否则将影响企业的人力资本储备。

6. 裁减边缘产品线或部门，保留核心部门

企业为了摆脱困境，可裁减正在亏损或盈利不高的部门、前景不明的项目，进而裁减整个部门，以达到节约营运成本、控制薪酬支出的目的。这种方法现在被大量使用于 IT 高科技企业，如 IBM 公司裁减掉个人电脑事业部，将其出售给联想公司；SUN 公司的自动化研发部门因前景不明被整体裁掉；惠普公司根据市场变化而进行内部大调整等。

值得注意的是，在裁减部门的同时，必须根据当地法规，对被裁员工给予相应的补偿，即在该公司的工作月份加上 2 到 3 个月的薪资作为补偿。

7.减薪

对薪酬的控制，最直接、效果最明显的是对薪酬水平和薪酬结构的调整，但减薪并不是能经常采用的，一般是企业不得已而为之的办法。从利润分享的角度讲，降低浮动薪酬较容易得到员工理解，而基本薪酬是刚性的，调整余地不大。因此，浮动薪酬相对于基本薪酬所占的比例越高，企业劳动力成本的变化余地就越大，而管理者可采取的控制预算开支的余地也就越大，譬如，管理者可以保持员工薪酬与其绩效之间的高度相关性，发挥更大的激励作用。

企业在采用减薪的办法时，应注意以下问题：①减薪应当是自上而下、分层逐级进行，因为员工会认为，经济效益好时，高层人员获利最大，而经济效益不好时，高层人员也应率先降薪，以做出同舟共济的姿态。②要做好解释工作，争取得到工会的支持和员工的理解，否则会使员工产生抵触情绪，挫伤工作积极性。③减薪必须是短期的，企业效益一旦回升，就应当恢复原有薪资水平。④还要注意尽可能少伤害企业核心的研发、技术骨干员工和熟练工人，否则，一旦造成这些劳动力市场上的稀缺资源的流失，不仅会使企业陷入困难的境地，而且对以后的经济复苏也会产生长远的不利影响。

第三节　薪酬调整

公司薪酬体系运行一段时间后，随着企业发展战略以及人力资源战略的变化，现行的薪酬体系可能不再适应企业发展的需要，这时应对企业薪酬管理做系统的诊断，确定最新的薪酬策略，同时对薪酬体系做出调整。薪酬调整是保持薪酬动态平衡、实现组织薪酬目标的重要手段，也是薪酬管理的日常工作。

薪酬调整包括薪酬水平调整、薪酬结构调整和薪酬构成调整三个方面。

一、薪酬水平调整

薪酬水平调整是指在薪酬结构、薪酬构成等不变的情况下，对薪酬水平进行调整的过程。薪酬水平调整包括薪酬整体调整、薪酬部分调整以及薪酬个人调整三个方面。

（一）薪酬整体调整

薪酬整体调整是指公司根据国家政策和物价水平等宏观因素的变化、行业及地区竞争状况、企业发展战略变化、公司整体效益情况以及员工工龄（司龄）变化，而对公司所有岗位人员进行的调整。薪酬整体调整就是整体调高或调低所有岗位和任职者薪酬水平，调整方式一般有以下几种：

1. 等比例调整

等比例调整是所有员工都在原工资基础上增长或降低同一百分比。等比例调整使工资高的员工的工资调整幅度大于工资低的员工，从激励效果来看，这种调整方法能对所有人产生相同的激励效用。

2. 等额式调整

等额式调整是指不管员工原有工资高低，一律给予等幅调整。

3. 综合调整

综合调整综合了等比例调整和等额式调整的优点，同一职等岗位调整幅度相同，不同职等岗位调整幅度不同，一般情况下，高职等岗位调整幅度大，低职等岗位调整幅度小。

在薪酬管理实践中，薪酬的整体调整是通过调整工资或津贴补贴项目来实现的。

如果是因为物价上涨等增加薪酬，应采用等额式调整，一般采取增加津贴补贴项目数的方法；如果是因为外部竞争性以及公司效益进行调整，应采用等比例调整法或综合调整法，一般都是通过调整岗位工资来实现的；如果是因为工龄（司龄）因素进行调整，一般采取等额式调整，对工龄（司龄）工资或津贴进行调整。

对于岗位工资的调整，一般都是对每个员工岗位工资调整固定的等级，调整形式是由工资等级表的形式决定的。一般情况下，不同等级员工岗位工资调整大致符合等比例原则，同等级员工岗位工资调整大致符合等比例原则或者等额原则。

（二）薪酬部分调整

薪酬部分调整是指定期或不定期地根据公司发展战略、公司效益、部门及个人业绩、人力资源市场价格变化、年终绩效考核情况，而对某一类岗位任职员工进行的调整。这里的员工可以是某一部门员工，也可以是某一岗位序列员工，还可以是符合一定条件的员工。

年末，人力资源部门根据公司效益、物价指数以及部门、个人绩效考核情况，提出岗位工资调整方案，经公司讨论后实施。一般情况下，个人绩效考核结果是员工岗位工资调整的主要影响因素。对年终绩效考核结果优秀的员工，进行岗位工资晋级激励；对年终绩效考核结果不合格的员工，可以进行岗位工资降级处理。

根据人力资源市场价格变化，可以调整某岗位序列员工薪酬水平。薪酬调整可以通过调整岗位工资来实现，也可以通过增加奖金、津贴补贴项目等形式来实现。

根据公司发展战略以及公司效益情况，可以调整某部门员工薪酬水平。薪酬调整一般不通过调整岗位工资实现，因为那样容易引起其他部门内部不公平感，因此一般情况下会通过增加奖金、津贴补贴项目等形式来实现。

（三）薪酬个人调整

薪酬个人调整是由于个人岗位变动、绩效考核或者为公司做出突出贡献，而给予岗位工资等级的调整。

员工岗位变动或者试用期满正式任用后，要根据新岗位进行工资等级确定。根据绩效管理制度，绩效考核优秀者，可以晋升其工资等级；绩效考核不合格者，可以降低其工资等级；对公司做出突出贡献者，可以给予其晋级奖励。

二、薪酬结构调整

薪酬结构调整是指在薪酬体系运行的过程中，随着公司发展战略的变化，薪酬结构应随着战略变化而调整，尤其是在组织结构扁平化趋势下，公司的职务等级数量会大大减少；此外，由于受到劳动力市场供求变化的影响，公司不同层级、不同岗位薪酬差距可能发生变化，这些都会对薪酬结构的调整提出要求。

一般情况下，通过调整各岗位工资基准等级，就能满足不同岗位、不同层级薪酬差距调整的要求；但当公司发展战略变化较大，现有薪酬结构不能适应公司变化后的发展要求时，就需要对公司的薪酬结构重新进行调整设计。薪酬结构的调整设计包括薪酬职等数量设计、职等薪酬增长率设计、薪级数量设计以及薪级级差设计等各方面。

在进行薪酬体系设计时，要充分考虑薪酬结构变化的趋势和要求。

三、薪酬构成调整

薪酬构成调整就是调整固定工资、绩效工资、奖金以及津贴补贴的比例关系。

一般情况下，固定工资和绩效工资是通过占有岗位工资比例来调整的。在企业刚开始进行绩效考核时，往往绩效工资占有较小的比例，随着绩效考核工作落到实处，绩效工资可以逐步加大比例。

津贴补贴项目应根据企业的实际情况进行调整，在那些津贴补贴理由已经不存在的情况下，应取消相应的津贴补贴项目。

奖金也应根据企业效益情况以及人力资源市场价格，进行增加或降低的调整。

第七章　绩效管理的常用工具

在绩效管理的发展历史中，管理思想在不断发生着变化。我们需要注意的是，管理思想的演变，甚至每一次管理思想的巨大变化，都伴随着新的绩效管理工具的出现和对其持续的开发、应用。可以说，绩效管理工具既为绩效管理实践提供了重要的推动力量，同时也是绩效管理理论和实践积累的重要财富。对于这些管理工具，我们必须认真理解和掌握，才能在未来绩效管理活动中面对各种困难和挑战。在众多绩效管理工具中，比较著名的有目标管理、360度考核法、关键绩效指标法、平衡计分卡和经济增加值。

第一节　目标管理

一、目标管理概述

目标管理由美国著名管理学家彼得·德鲁克于1954年在《管理的实践》一书中首次提出。目标管理是以泰勒的科学管理和行为科学理论为基础形成的一套管理制度，根据这套制度，可以使组织的成员亲自参与工作目标的制订，实现自我控制，并努力完成工作目标。而对于员工的工作成果，由于有明确的目标作为考核标准，从而使得对员工的评价和奖励更客观、更合理，因而可以很好地激励员工为完成组织目标而努力。这种制度在美国的应用非常广泛，特别适用于对主管人员的管理。目标管理是德鲁克所发明的最重要、最有影响的理念，并已成为当代管理体系的重要组成部分，被称为"管理中的管理"。目标管理提出以后，便在美国迅速流传开来。时值第二次世界大战后西方经济由恢复转向迅速发展的时期，企业急需采用新的方法调动员工积极性以提高竞争能力，目标管理的出现可谓应运而生，很快为日本、西欧国家的企业所仿效，在世界管理界大行其道。

德鲁克在提出"目标管理和自我控制"的主张后，又在此基础上进行了发展。他认为，并不是有了工作才有目标，而是正好相反，有了目标才能确定每个人的工作，企业的目标和任务必须转化为目标，企业的各级主管必须通过这些目标对各级员工进行领导，以此来达到企业的总目标。如果一个团体没有特定的目标，则这个团体必定被忽视。如果没有方向一致的分目标来指导各级主管人员的工作，则企业规模越大、人员越多时，发生冲突和浪费的可能性也就越大。目标管理的最大优点在于：以目标给人带来的自我控制力取代来自他人的支配式的管理控制方式，从而激发人的最大潜力，充分发挥人的主观能动性。

目标管理脱胎于传统管理，但又与传统管理有一定的区别，如表 7-1 所示。

表 7-1　传统管理与目标管理的区别

	传统管理	目标管理
利润观念	利润最大化	利润是实现一系列目标后的结果
关注重点	结果	目标
过程管理	强调规则、程序和制度	目标第一，过程第二
控制理念	更多通过外部方法控制员工	强调员工自我约束、自我发展
管理类型	服从型管理	参与式管理
工作状态	没有重点，强调合作精神	强调团队合作
员工状态	程序型员工	知识型员工

二、目标管理的内涵

目标管理是一种程序或过程，是指组织中最高管理者根据组织所面临的内外部形势需要，制订出在一定时期内组织经营活动所需达到的总目标，然后由组织内各部门和员工根据总目标来确定各自的分目标，并在获得适当资源配置和授权的前提下积极主动地为各自的分目标努力，从而使组织的总目标得以实现，并把目标完成情况作为考核依据的管理模式。因此，目标管理是一个明确达成目标的过程，如图7-1所示。

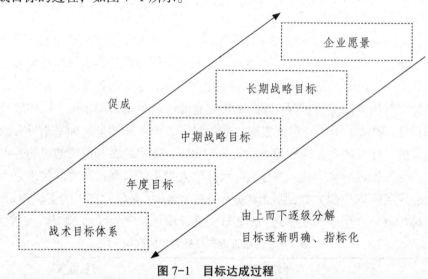

企业愿景

长期战略目标

促成

中期战略目标

年度目标

由上而下逐级分解
目标逐渐明确、指标化

战术目标体系

图 7-1　目标达成过程

目标管理以 Y 理论为指导思想，认为只要目标明确，员工就能够对自己负责，自己对照目标开展工作，实现自我激励、自我管理。目标管理与传统管理的共同要素包括：明确目标、参与决策、规定期限、反馈绩效。

在具体方法上，目标管理又是泰勒科学管理的进一步发展，它与传统管理方式相比有鲜明的特点，可概括为如下几点：

（一）重视人的因素

目标管理是一种参与的、民主的、自我控制的管理制度，也是一种把个人需求与组织目标结合起来的管理制度。在这一制度下，上级与下级的关系是平等、尊重、依赖、支持的，下级在承诺目标和被授权之后是自觉、自主和自治的。

（二）建立目标链与目标体系

目标管理通过专门设计的过程，将组织的整体目标逐级分解，转换为各单位、各员工的分目标。从组织目标到经营单位目标，再到部门目标，最后到个人目标。在目标分解过程中，权、责、利三者已经明确，而且相互对称。这些目标方向一致，环环相扣，相互配合，形成协调统一的目标体系。只有每个人员完成了自己的分目标，整个企业的总目标才有完成的希望。

（三）重视成果

目标管理以制订目标为起点，以目标完成情况的考核为终结。工作成果是评定目标完成程度的标准，也是人事考核和奖评的依据，成为评价管理工作绩效的唯一标志。至于完成目标的具体过程、途径和方法，上级并不过多干预。所以，在目标管理制度下，监督的成分很少，而控制目标实现的能力却很强。

三、目标管理模式的选择

目标管理是企业绩效管理的工具，要与企业特征相匹配，否则难以发挥积极作用，甚至可能起到副作用。不同企业需要不同的目标管理模式。模式的选择与企业特性、管理风格的分析相结合。

（一）分析企业特性

企业特性不同，目标管理模式也应有所不同。分析企业特性可以从以下几个方面考虑：企业市场是成长型还是衰退型？企业是劳动密集型、资本密集型还是技术密集型？员工的素质怎么样，是否需要继续培养？企业员工的人际关系怎么样？

（二）分析管理风格

管理风格决定了绩效管理模式的执行方式。管理风格不同，目标管理模式也应不同。企业的管理风格见表7-2。

表 7-2　企业的管理风格

	内部控制松散	内部控制严密
主动型领导	专制型	贯彻型
被动型领导	放任型	官僚型

（三）选择目标管理模式

通过管理风格的分析，结合企业特性，我们可以选择企业基本的目标管理模式，见表7-3。

表 7-3　企业的目标管理模式选择

	内部控制松散	内部控制严密
主动型领导	业绩型或能力型目标管理	能力型目标管理
被动型领导	业绩型目标管理	业绩型或能力型目标管理

两种目标管理模式的特征见表7-4。

表 7-4　两种基本的目标管理模式对比

	业绩型目标管理	能力型目标管理
典型步骤	1. 总经理根据长期经营计划制订并公布公司的年度总目标 2. 根据年度总目标制订并公布部门目标 3. 基层单位根据部门目标制订并公布基层目标 4. 员工根据所在部门目标制订个人目标 5. 把所制订的各级目标汇总成目标体系图	1. 将改进工作的必要性通知各部门及其员工 2. 总结出工作待改进的地方和改进工作的方法，经总部整理和补充后下发给全公司 3. 按照总结材料，制定工作改进方案并上报领导 4. 制订个人目标 5. 管理部门汇总后，提出意见报总经理 6. 员工实行自我管理，定期报告执行情况 7. 员工对完成情况进行自我评价，再报上级考核

续表

	业绩型目标管理	能力型目标管理
优点	1. 目标易于制订 2. 只要总目标正确, 就能最大限度地保证企业经营业绩的实现 3. 形成目标链, 能增进员工的整体意识和树立团队精神	1. 目标是自主制订的, 不是上级分配的, 员工实现目标的热情高、动力大 2. 自己找不足、定目标、定方法, 能挖掘潜力, 提高自我管理能力, 有利于培养人才 3. 特别适合难以度量业绩的职能部门
缺点	1. 制订目标时易被上级干涉, 自主权会受到限制 2. 总目标错误会给企业带来灾难性后果 3. 一旦目标链上的某个环节出现问题, 就会牵一发而动全身	1. 目标之间缺乏整体性和关联性, 过分注重个人目标, 可能会忽视全公司目标 2. 因为没有可遵循的上级目标, 合适目标难以制订, 甚至有敷衍的可能 3. 因授权不彻底而使其效果大打折扣

企业可依据两种目标管理模式的特点, 结合领导风格, 选择合适的目标管理模式。需要注意的是, 领导风格与目标管理模式并不是任意组合的, 通常有如下几种选择:

贯彻型—选择能力型目标管理: 贯彻型的领导一般业绩好, 但整体意识不足, 缺乏创新热情, 部门之间缺乏配合。也就是说, 贯彻型领导一般缺乏整体观念和团队意识, 适合采用能力型目标管理, 以能力型目标管理来改变他们的思想观念。

放任型—选择业绩型目标管理: 放任型领导完全放任员工, 常常不清楚员工的工作情况, 因此首先应给员工确认目标, 完成既定目标后再考虑他们的能力问题。因此放任型领导适合采用业绩型目标管理。

专制型—选择业绩型或能力型目标管理: 专制型领导通常很主动, 但管理松散, 可以通过目标体系把企业上下所有管理任务明确分工, 加强业绩管理, 从而提高企业的业绩。当然, 有些企业采用能力型目标管理也取得了不错的效果, 说明专制型领导适合这两种目标管理模式。

官僚型—选择业绩型或能力型目标管理: 企业一旦形成官僚主义后, 就需要员工热情投入, 因此采用能力型目标管理效果较好。当然, 在官僚体制下, 业绩型目标管理也能取得理想的效果。

四、目标管理的基本程序

由于各个组织活动的性质不同，目标管理的步骤可以不完全一样，但一般而言，可以分为以下五个步骤：

（一）建立完整的目标体系

实行目标管理，首先要建立一套完整的目标体系。这项工作总是从企业的最高主管部门开始的，然后由上而下逐级确定目标。上下级的目标之间通常是一种"目的—手段"的关系；某一级的目标，需要用一定的手段来实现，这些手段就成为下一级的次目标，按级顺推下去，直到作业层的作业目标，从而构成一种链式的目标体系。

企业目标设置要求适应组织未来经济展望，确定战略总目标；分析组织结构、人力资源分布，以及组织财务限制，制订短期内管理活动预期达到的执行目标。因此，目标设置不是简单地将总目标分解，而需要综合考虑内外条件，明确所有的和需要的资源、所应采取的方法，了解当前位置、将要采取的行动，并合理安排时间。

目标设置是目标管理最重要的阶段，这一阶段可以被细分为以下四个步骤：

1. 高层管理拟定目标

这是一个暂时的、可以改变的目标预案。既可以由上级提出，再同下级讨论；也可以由下级提出，再由上级批准。无论哪种方式，必须共同商量决定。此外，领导必须根据企业的使命和长远战略，估计客观环境带来的机会和挑战，对本企业的优势和劣势有清醒的认识，对组织应和能够完成的目标做到心中有数。

2. 重新审议组织结构和职责分工

目标管理要求每一个分目标都有确定的责任主体。因此拟定目标之后，需要重新审查现有组织结构，根据新的目标分解要求进行调整，明确目标责任者和协调关系。

3. 确立下级的目标

首先明确下级组织的规划和目标，然后商定下级的分目标。在讨论中上级要尊重下级，平等待人，耐心倾听下级意见，帮助下级发展一致性和支持性目标。分目标要具体量化，便于考核；分清轻重缓急，以免顾此失彼；既要有挑战性，又要有实现的可能。每个员工和部门的分目标要和其他的分目标协调一致，共同支持本单位和组织目标的实现。

4. 上级和下级就实现各项目标所需的条件以及实现目标后的奖惩事宜达成协议

制订分目标后，要授予下级相应的资源配置的权力，实现权、责、利的统一。由下级写成书面协议，编制目标记录卡片，整个组织汇总所有资料后，绘制出目标图。

制订目标的工作如同所有其他计划工作一样，需要事先拟定和宣传前提条件，这是指导方针。如果指导方针不明确，下级主管人员就不可能制订出合理的目标。此外，制订目标应当采取协商的方式，应当鼓励下级主管人员根据基本方针拟定自己的目标，然后由上级批准。

（二）明确责任

目标体系应与组织结构相吻合，从而使每个部门都有明确的目标，每个目标都有人明确负责。然而，组织结构往往不是按组织在一定时期的目标而建立的，因此，在按逻辑展开目标和按组织结构展开目标之间，时常会存在差异。这种情况反复出现，可能最终导致对组织结构的调整。从这个意义上说，目标管理还有助于搞清组织机构的作用。

（三）组织实施

确定目标后，上级主管人员就应放手把权力交给下级成员。完成目标主要靠执行者的自我控制，如果在明确了目标之后，上级主管人员还像从前那样事必躬亲，便违背了目标管理的主旨，达不到目标管理的效果。当然，这并不是说，上级在确定目标后就可以完全不闻不问。由于形成了目标体系，哪一环的失误都会牵动全局，因此上级在目标实施过程中的管理是不可缺少的。上级首先应进行定期检查，利用双方接触的机会和信息反馈渠道自然地进行；其次要向下级通报进度，便于互相协调；最后要帮助下级解决工作中出现的困难问题，当出现意外或不可控事件，严重影响组织目标实现时，也可以通过一定的手续，修改原定的目标。因此，上级的管理应主要表现在指导、协助、提出问题，提供情报以及创造良好的工作环境等方面。

（四）检查和评价

目标实现程度是对目标的定量测算与定性评价，目的是使管理者和执行者找出目标管理中存在的问题，明确是目标设置有问题，还是执行过程有问题；或是实际达到的目标超出拟定的目标。寻找原因，有助于管理者做出合理决策。对各级目标的完成情况，要事先规定期限，定期进行检查。可灵活地采用自检、互检等方法，或责成专门的部门进行检查。检查的依据就是事先确定的目标。对于最终结果，应当根据目标进行评价，并根据评价结果进行奖罚。经过评价，使得目标管理进入下一轮循环过程。

（五）结果反馈

目标管理法要求充分沟通，从上级到下级，都明确自己的目标责任，并明确目标实现过程的进度及存在的问题，这样才能及时调整和修正目标，明确员工自身工作状态和目标状态，对预期目标的达成和进度进行计划和安排，并为实现目标做好准备。

目标管理观念特别重视员工对组织的贡献。员工参与目标的建立，可以使其从消极旁观者变为积极参与者，能充分调动其积极性。管理者应抓总目标的设立及结果，减少对过程的参与，以便将更多精力放在决策上。评价过程是一个沟通和反馈的过程。建立一个良好的循环系统很重要，如图7-2所示。

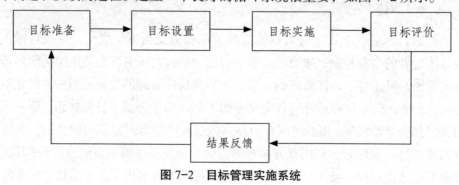

图 7-2　目标管理实施系统

五、目标管理应当注意的问题

（一）将个人目标当成企业目标

很多企业不是没目标，但问题是这个目标是领导的个人目标。领导的目标是与个人的理想、抱负和兴趣有直接关系的，但它往往与企业自身的资源和能力并不完全一致。

（二）目标多变

企业必须根据自身情况和市场变化对目标进行及时的调整和修正。但是，这种调整和修正并不是随意进行的，而是要根据实际情况进行科学合理的分析和研究，以确保目标的适用性和有效性；否则，员工就会在不停追逐企业目标的过程中感到茫然和迷惑。

（三）目标十分模糊

最常见的情况是有总体的目标，没有具体的目标。例如，企业谈得最多的就是明年的销售额要增长到 5000 万元还是 5 亿元，利润要达到多少，却没有规划过具体的目标，如成本如何控制、销售费用如何投放、营销部门是应增加人员还是通过培训来提高人员的水平，这些都没有具体的方向。其实，这种目标只是一句口号，无法具体指导企业的工作。

六、目标管理的优缺点

（一）目标管理的优点

第一，组织内易于度量和分解的目标能带来良好绩效。如果这些目标责、权、利明确，目标管理常会取得立竿见影的效果。

第二，有助于改进组织结构和职责分工。目标管理能促使管理人员根据目标去确定组织的任务和结构。为了取得期望的效果，各级管理人员必然要深思熟虑实现目标的方法和途径，考虑相应的组织机构和人选，授予下属人员相应的权力，使其与组织的任务和岗位的责任相对应，这也有利于理顺管理关系。

第三，能充分调动员工的积极性、主动性、创造性。将自我利益和组织利益紧密联系起来，有利于提高员工主观能动性。

第四，能促进沟通、交流，强调团队协作。

（二）目标管理的缺点

1. 目标难以制订

由于许多目标难以定量化、具体化，许多工作不可分解，真正可考核的目标很难确定。此外，组织环境可变因素越来越多，内部活动日益复杂，活动结果的不确定性越来越大，这些都使活动量化变得越来越困难，所确定的目标往往容易短期化，很少能超过一年。企业短期目标会导致短期行为，以损害长期利益为代价，换取短期目标的实现。为了防止目标选择和实现过程中的不道德手段，高层管理人员一方面要确定合理的目标，另一方面还要明确表达对行为的期望，给道德的行为以奖励，给不道德的行为以惩罚。

2. 管理成本增加

反复上下沟通、统一思想、达成共识需要时间和成本；在达成共识的过程中，由于机会主义本性的存在，人们会自然地站在自己的立场上考虑问题并试图取得更多利益，忽略协作和组织目标。

3. 目标与绩效标准难以确定

奖惩与目标、绩效不一定匹配，难以保证评价的公平和公正，作为一种管理工具，其公平性、公正性会受到质疑。

4. 目标修正不灵活

目标管理要取得成效，就必须保持目标的明确性和肯定性，如果目标经常改变，则说明确定计划时没有经过深思熟虑，所确定的目标是没有意义的。但是，如果目标管理过程中，环境发生了重大变化，特别是上级部门的目标已经修改，计划的前提条件或政策已变化的情况下，还要求各级管理人员继续为原有的目标而奋斗，显然是愚蠢的。然而，由于目标是经过多方磋商确定的，要改变它就不是轻而易举的事，修订一个目标体系与制订一个目标体系所花费的精力和时间常常是差不多的，结果很可能不得不中途停止目标管理的进程。

无论如何，目标管理作为一种管理工具，对推动当时管理方法的变革具有划时代的意义，为未来绩效管理发展奠定了基础，它作为一种先进的管理思想和管理理念，对后来的许多管理理论产生了重大影响。

第二节　360度考核法

早在19世纪40年代，欧美国家的有些组织就开始利用类似360度考核法的评价方法对自身的绩效、发展变化等进行评价。20世纪80年代以来，由于全球化竞争压力，管理环境变得更加复杂，员工与企业之间的关系也在发生着前所未有的调整和变化。为了适应客户服务受到更多的关注、对质量品质的重视以及员工关注个人职业生涯规划等新的管理理念和管理方式的客观要求，360度考核法便应运而生了。

一、360度考核法的概念

360度考核法又称360度反馈、多评估者评价或多角度反馈系统。它是由被考核者的上级、同级、下级或客户以及被考核者本人担任考核者，从多个角度对被考核者进行全方位的评价，通过反馈考核结果，从而达到改变被考核者行为、提高工作绩效、促进其职业发展的目的，如图7-3所示。360度考核法可以用来为组织的选拔、考核、发展、培训以及组织变革服务。

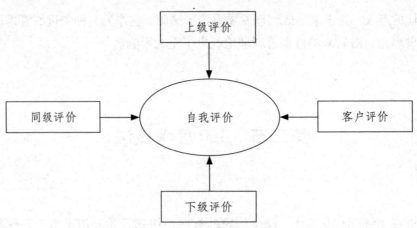

图 7-3　360 度考核法示意图

　　360 度考核法的出发点是扩大考核者的范围和类型，从不同层次的人员中收集评价信息，从多个视角对员工进行综合评价，然后由有关部门或外部专业人员根据有关人员对被考核者的评价，对比被考核者的自我评价，向被考核者提供反馈，以帮助被考核者提高其能力水平和业绩。评估内容可包括沟通技巧、人际关系、领导能力、行政能力等，其目的是达到有效的评价，从所有可能的渠道收集信息，获取组织成员行为观察资料，使各种考核者的优势互补，使考核结果公正而全面。它与传统的自上而下评价的本质区别就是，360 度考核法的信息来源具有多样性，从而保证了考核的准确性、客观性和全面性。被考核者不仅可以从自己、上司、下属、同事甚至客户处获得多种角度的反馈，也可从这些不同的反馈清楚地知道自己的不足、长处与发展需求。

二、360 度考核法的特点

　　360 度考核法的目的主要是在对员工进行有效诊断的基础上，有针对性地对员工加以指导和培训，从而改进工作绩效。它是员工制定职业生涯规划的基础和前提，更是员工改进工作行为、提高下一步工作绩效的有力措施。

　　360 度考核法的主要特点如下：

（一）准确性

360度考核法根据心理测量理论，对个体从多个角度进行观察，将得出更有效、更可靠的评价信息。企业常规的考评方法是领导、管理者评价下属的能力，360度考核法的考核者来自组织内外的不同层次，可以对被考核者进行更为深入的了解，从而得到更多的评价信息，使考核结果更为全面客观，避免了从单个侧面观察员工而造成的局限。准确性主要表现在：①人员选择正确，多角度的结果比单一的视角准确。②多角度提供了对评价人员胜任力素质更为全面的了解。③匿名性的评估确保评估结果更为可靠和可信。④360度考核法的考核者不仅来自不同的层次，而且每个层次的考核者都有若干名，并采用科学合理的方法进行分数汇总。从统计学的角度来看，其结果更接近于客观实际，从而减少了个人偏见以及评分误差等。

（二）基于胜任特征

360度考核法一般是围绕岗位的关键胜任特征而不是具体的业绩指标来设计考核项目的。胜任特征是指能将某一工作中表现优秀者与表现平平者区分开来的个体潜在的深层次特征，它是工作行为设计的依据。在考核中仅仅强调工作产出的考核是不全面的，这种考核实际上没有涵盖工作绩效的全部内容。把所有工作行为都进行量化是很困难的，不可能也没有必要对员工的工作行为进行面面俱到的考核，应抓住关键的工作行为要素，即把影响工作绩效表现的深层次的东西揭示出来，这个界定标准不是"合格"，而是能区分表现优秀者和表现平平者的胜任特征。

（三）可接受性

研究发现多角度的评估比单一上级评估容易让被考核者接受结果，因此也更容易采取行动改善。360度考核法涉及整个组织，既提供了上级和下属间沟通的公开平台，也使评估结果的可接受性更高。这对于员工的职业发展尤为重要，因为如果考核结果不被接受，员工就没有改变现状的动机，绩效改进的效果也是很有限的。

三、360度考核法的应用对象

360度考核法从多个角度收集信息，使评估结果更准确、更可被接受，这些优点能让现代企业的每一位员工都可以从中获益。实际上，它在各级别的员工身上都得到了不同程度的运用。360度考核法最合适的应用对象还是企业的管理人员，尤其是中高级别的管理人员。

从高级别的管理层开始推行360度考核法，可以让普通员工了解考核是经过严格的审核后才开展的，而且对企业成员一视同仁。此外，员工们看到企业的高级主管们愿意倾听员工们的声音，自身也会更乐意接受他人意见，并努力进行自我提升。此外，要想通过360度考核法改善企业文化，就需要从高级管理人员做起，再层层传达给企业的各级员工。

四、360度考核法的实施流程

（一）考核指标的设计

360度考核法实施前，要完成如下两项重要工作：

1. 确定评估目的

讨论和明确开展360度考核法的目的，是用来进行人员、领导力开发，还是进行绩效考核。缺乏明确的目的性是360度考核法运作失败的一个重要原因。

2. 考核指标的筛选

一项工作有多个考核要素，其重要程度是不一样的，需要从中筛选出那些对组织有重大影响或工作中重复性较高的工作要素，作为最后考核用的考核指标。还要给各考核指标确定相应的绩效标准，绩效标准不宜定得太高，同时必须客观化、定量化。此外，针对不同工作性质的员工的考核指标和标准要有所区别，并赋予其不同的结构和权重。

360度考核法最常用的考核工具为问卷。随着计算机网络化和企业管理软件的发展，也可以通过公司内部网络进行问卷调查，以节约成本、增加保密性、提高效率，从而降低考核者的不安全感。

（二）考核者的选择与培训

　　根据考核目的选择被考核者。要因公司的规模、成熟度决定被考核者的具体人数，没有绝对的人数限制。选择考核者时，可以由员工选取，也可以由HR指定，一般都是由多名考核者匿名进行评价。采用多名考核者，虽然扩大了信息收集的范围，但是并不能保证所获得的信息就是准确、公正的。由于受到信息层面、认知层面和情感层面因素的影响，可能会导致所获得的考核结果不准确、不公正，因此选择考核者时要慎重。

　　从信息层面而言，考核者对被考核者的岗位职责可能并不是非常了解，也可能不知道应对被考核者的哪些行为表现进行评价，甚至可能没有或者很少有机会观察被考核者的行为表现。由于没有掌握相应的信息，或者了解的信息是不全面的，会使考核结果出现误差。

　　从认知层面而言，由于对人的评价是一项复杂的活动，需要考核者正确地获取、储存、提取并集成不同时间段与被考核者所担任的职位、工作业绩有关的各项信息，来对被考核者做出评价。而考核者可能会简化这项活动，只是根据他们对被考核者的整体印象而不是具体的行为表现来对被考核者进行评价。

　　从情感层面而言，考核者可能会无意识或者有意识地歪曲对被考核者的评价。为了维护自己的自尊，一般考核者在评价时，会给自己较高的评价，而给其他人以较低的评价，并且在对自己进行评价时，倾向于把成功归因于自己的能力，把失败归因于外部环境的限制；而对他人进行评价时，倾向于把成功归因于外部环境，把失败归因于被考核者。在同一公司工作的员工，既是合作者，又是竞争者，考虑到各种利害关系，考核者有时还会故意歪曲对被考核者的评价。

　　由于以上原因，如果不对考核者进行有效的培训，会导致考核结果产生很多误差。为了提高考核结果的准确性和公正性，在进行360度考核法之前，应对考核者进行选择、指导和培训。首先，一定要选那些与被考核者在工作上接触多、没有偏见的人充当考核者。其次，在评价之前，还要对考核者进行指导和培训，让考核者对被考核者的职位角色有所了解，知道如何来做出正确的评价、在评价过程中容易出现哪些错误。在培训时，最好能让考核者先进行模拟评价，然后根据评价的结果指出考核者所犯的错误，以提高考核者实际评价时的准确性和公正性。

（三）实施考核

360度考核法在实施阶段往往会遇到以下问题：需要收集和整理的信息数量过多、考核的反馈结果直接关系到考核的有效性、考核的内容和形式过于复杂难以监控和调整。这就要求在考核实施过程中加以控制和调整，真正发挥360度考核法的作用。

1. 必须将360度考核法视为"一把手"工程

只有得到高层领导的全力支持，考核工作才有可能真正顺利开展起来，开展过程中出现的问题才可能及时解决。否则，就可能使员工之间的问题升级，影响员工正常工作绩效，甚至造成组织中出现不可控制的混乱局面。高层领导必须有坚决变革的决心，努力在公司内建立起一种追求变革、创新、竞争、开放的企业文化，使员工摒弃传统观念，敢于竞争、发表意见，也敢于接受别人的评价，让员工能从观念上接受这种考核方式。

2. 在推行过程中加强宣传和沟通

首先，要与考核者做好沟通。全面有效的沟通对于360度考核机制有着特殊的意义。由于被考核者可能会感到报告的结果对自己存在负面的威胁，因此更需要在考核之前就对考核的根本目的进行完备的沟通。为了避免可能出现的误会和会被出卖的负面错觉，还需要在考核之前就对反馈结果的保密性达成共识。具体的沟通形式可以召开活动启动大会，也可以是邮件电话通知等。还要对考核者有效培训，避免考核结果产生太大误差。随时就考核的准确性、公正性向考核者提供反馈，指出他们在考核过程中所犯的错误，帮助他们提高评价技能。其次，要向员工讲清意义所在，了解考核目的，消除考核中的人为因素。

3. 在实施过程中采取灵活的方式

领导要向员工说明考核的结果主要应用于员工的发展，而不是单纯用作薪酬调整、晋升的依据。在这个基础上考核的结果才会比较客观公正。

（四）统计分析

考核数据形成以后，人力资源部要将个人的得分进行处理，形成考核意见，然后与被考核者的直接上级进行沟通，共同形成考核报告。根据考核的目的，确定数据分析的方法和内容，得到评估报告。360度评估反馈的报告一般比较长，报告内容涉及三方面：①员工的工作表现；②员工的个人素质；③员工发展指导部分，具体包括概况、优势、劣势、潜在能力、盲点、共识与分歧的分析、主观反馈等。报告应使用丰富、直观、生动的表格、图形类型来呈现数据，易于报告的解读。

一旦发现绩效低下的情况，首先应该要找出原因，在向员工反馈考核结果时帮助员工找到问题，明确方向，这对员工改进工作、提高绩效会有促进作用。绩效不佳的因素通常可以分为两类：一类是个体因素，如能力和努力不够等；另一类是组织或系统因素，如工作流程不合理、官僚主义严重等。

绩效考核的结果不仅要为人事决策，如任用、晋级、加薪、奖励等提供依据，更为重要的是可以检查企业管理的各项政策，如人员配置、员工培训等方面是否有失误，还存在哪些问题等。

（五）反馈面谈

反馈面谈可以使管理者与员工讨论其工作业绩，进而挖掘其工作中可提高和发展的领域，同时也创造出一个对话机会，可以促进管理者更全面地了解员工的态度和感受，促进双方交流。管理者和员工要协力排除障碍，管理者此时充当的是帮助者的角色，给予员工资源和政策的支持。

（六）制订绩效改进计划

绩效改进首先要分析员工绩效考核的结果，找到员工绩效中存在的问题，然后针对存在的问题制定合理的绩效改进方案，并确保其能够有效地实施。其具体步骤包括：确定绩效改进目标、拟订具体的绩效改进行动方案、明确绩效改进资源方面的保障等内容。其中制订绩效改进计划是绩效管理的最终落脚点。

（七）考核效果评价

考核效果评价是评价和反馈工作完成后需要进行的工作步骤如下：

1. 确认考核执行过程的安全性

由于360度考核法中包括上司、同事及其他人员，因此需要检查数据收集过程是否符合测试要求、数据处理时是否考虑了不同测度考核准确性的差异、不同群体之间是否存在不公平的分布差异等。

2. 评价应用效果

通过对 360 度考核法的应用效果进行客观评价，企业可以找出存在的问题，总结考核过程中的经验和不足，从而不断完善整个考核系统。企业可通过以下方式评价 360 度考核法的应用效果：①测量上级和员工对考核的态度和作用的认识，可以通过访谈或问卷的方法获得以下几方面的信息：被考核者的背景资料；考核体系考核了什么内容，考核的面谈谈论了什么内容；被考核者对考核效果和作用的认识；被考核者对考核体系的整体印象。②员工对企业的认同度。企业可以测量绩效考核对提高员工的组织认同度、工作热情等方面的作用。如果员工对企业的认同度提升，说明考核效果较好。

五、360 度考核法的优势与不足

（一）360 度考核法的优势

1. 考核者更容易接受考核结果

360 度考核法打破了由上级考核下属的传统考核制度，可以避免传统考核中极易发生的"光环效应""居中趋势""偏紧或偏松""个人偏见"和"考核盲点"等现象，可以反映出不同考核者对于同一被考核者不同的看法考核结果更有说服力，从而容易被接受。

2. 可以促进员工的个人发展

在 360 度考核法中，考核不是最终目的，它主要是为促进被考核者的个人发展、提高绩效而采用的一种手段。在得出考核结果后，应将其反馈给被考核者本人，使被考核者能够对自己的优势和不足有清楚的认识。在反馈考核结果时，通常还设有专门的职业生涯规划和指导，这些咨询意见和建议一旦被考核者接受，就能够改善其个人的职业生涯规划，从而促进员工的个人发展。简而言之，较为全面地反馈信息有助于被考核者多方面能力的提升。

3. 提高员工的参与度和忠诚度

360 度考核法实际上是员工参与管理的方式，在一定程度上加强了他们的自主性和对工作的控制，员工的积极性会更高，对组织会更忠诚，提高了员工的工作满意度。

4. 形成团队合作氛围

现代企业中越来越多的工作都是由团队而不是个人完成，因此员工的工作表现就不应只由一名上级来评价，凡是有机会较好地了解员工的工作表现的相关人员都应参与员工的绩效考核。员工间相互评价，可以在组织中建立相互帮助、共同发展的组织气氛，从而促进组织中的团队建设，增强组织的竞争优势。同时，员工间相互评价还能加强双向沟通和信息交流，能够有助于强化组织的核心价值观，防止被考核者急功近利的行为（如仅仅致力于与薪金密切相关的业绩指标）。

（二）360度考核法的缺陷

正如通用电气公司的前CEO杰克·韦尔奇在他的自传小说中所述："就像任何需要同事间评估的措施一样，360度反馈工具实施久了就会走样。"员工之间会互相说好话，最终皆大欢喜，所有人的评分结果都会很好。要不就走向另一个极端：有些人为泄私愤，会借机对同事的职业声誉进行恶意中伤。因此，在使用过程中仍应充分认识到它的不足之处。

360度考核法的主要缺陷如下：

1. 考核结果信息失真的可能性仍然存在

一方面，保证匿名评价很难做到，而一旦匿名性失效，就会使评价变成一场虚假的游戏。另一方面，有的企业在实施360度绩效考核时，各类考核者主要由被考核者本人提名，这样做有失公允。个别被考核者的选取缺少广泛性、代表性，不排除提名与自己关系好的人作为考核者的现象。为此，上级和下级考核者可由人力资源部提名，同时防止被考核者提名与自己关系好的人作为自己的考核者，客户考核者应根据组织中客户信息库等资源甄选。员工少于10人的部门，其下级应全部参加考核，员工较多的部门，可随机抽取下级被考核者。

2. 考核成本高

360度考核法涉及的数据和信息比单一渠道考核方法要多得多，这本身就可能是个问题，因为收集和处理数据的成本很高。同时，由于有大量的信息要汇总，这种方法有变成机械地追逐文字材料的趋向，即从两人的直接沟通演变成表格和印刷材料的沟通。因此，多人来共同考核所导致的成本上升可能会超过考核所带来的价值。此外，组织要对所有的员工进行考核制度的培训，因为所有的员工既是考核者又是被考核者，这也提高了考核成本。

3. 对员工的整体评价变得困难

由于信息来源的多角度性，理解不同渠道反馈的考核得分和信息有时也较为困难，因为不同渠道的反馈并非总是一致，甚至天差地别。例如，对同一员工的沟通能力的评价，可能出现上级评为"优"，下级评为"中"，而客户评为"差"的情况，这就给对这个员工的整体评价带来了困扰。

第三节　关键绩效指标法

在绩效考核指标设置过程中，将企业战略层层分解，可以得到众多的绩效指标。但是，这样做的结果是绩效指标设计得过于复杂，使员工无法分清工作重点和方向，甚至会导致员工疲于应对各种指标而忽略了对企业战略目标的实现。所以，绩效指标的设计既不能过于复杂，又要体现企业的战略方向和重点，防止指标重叠或冲突。这就要求一种能够体现"抓大放小"思路的绩效管理方法，关键绩效指标法就是这样一种方法。

一、关键绩效指标法的含义

关键绩效指标（key performance indication，KPI）是通过对组织内部某一流程的输入端、输出端的关键参数进行设置、取样、计算、分析，衡量流程绩效的一种目标式量化管理指标，是把企业的战略目标分解为可操作的愿景目标的工具，是企业绩效管理系统的基础。KPI 可以使部门主管明确部门的主要责任，并以此为基础，明确部门人员的绩效衡量指标。KPI 是指标，不是目标，但是能够借此确定目标或行为标准。它是用于衡量员工工作绩效表现的量化指标，是绩效计划的重要组成部分。

关键绩效指标具备如下几项特点：

（一）来自对公司战略目标的分解

这首先意味着，作为衡量各岗位工作绩效的指标，关键绩效指标所体现的衡量内容最终取决于公司的战略目标。当关键绩效指标构成公司战略目标的有效组成部分和支持体系时，它所衡量的岗位就以实现公司战略目标的相关部分作为自身的重要职责。如果 KPI 与公司战略目标脱离，那么它所衡量的职位的努力方向也将与公司战略目标的实现产生偏差。

KPI 是对公司战略目标的进一步细化和发展。公司战略目标是长期的、指导性的、概括性的，而各职位的关键绩效指标内容丰富，针对职位而设置，着眼于考核当年的工作绩效，具有可衡量性。因此，关键绩效指标是对真正驱动公司战略目标实现的具体因素的发掘，是公司战略对每个职位工作绩效要求的具体体现。最后一层的含义在于，关键绩效指标随公司战略目标的发展演变而调整。当公司战略侧重点转移时，关键绩效指标必须予以修正以反映公司战略的新内容。

（二）KPI 是对绩效构成中可控部分的衡量

企业经营活动的效果是内因外因综合作用的结果，其中内因是各职位员工可控制和影响的部分，也是关键绩效指标所衡量的部分。关键绩效指标应尽量反映员工工作的直接可控效果，剔除他人或环境造成的其他方面影响。例如，销售量与市场份额都是衡量销售部门市场开发能力的标准，而销售量是市场总规模与市场份额相乘的结果，其中市场总规模则是不可控变量。在这种情况下，两者相比，市场份额更体现了职位绩效的核心内容，更适于作为关键绩效指标。

（三）KPI 是对重点经营活动的衡量，而不是对所有操作过程的反映

每个职位的工作内容都涉及不同的方面，高层管理人员的工作任务更复杂，但 KPI 只对其中对公司整体战略目标影响较大、对战略目标实现起到不可或缺作用的工作进行衡量，如图 7-4 所示。

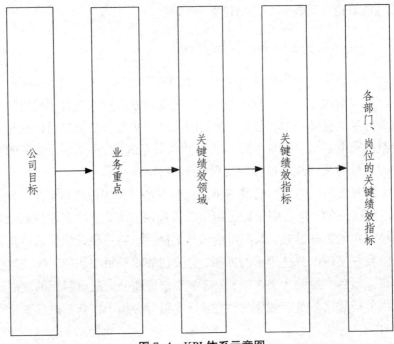

图 7-4　KPI 体系示意图

（四）KPI 是组织上下一致意见的体现

KPI 不是由上级强行确定下发的，也不是由职位自行制定的，它的制定过程由上级与员工共同参与完成，是双方所达成的一致意见的体现。它不是"以上压下"的工具，而是组织中相关人员对职位工作绩效要求的共同认识。基于 KPI 的绩效评估体系与一般绩效评估体系的区别见表 7-5。

表 7-5　基于 KPI 的绩效评估体系与一般绩效评估体系的区别

	基于 KPI 的绩效评估体系	一般绩效评估体系
假设前提	假定人们会采取一切积极的行动努力达到事先确定的目标	假定人们不会主动采取行动以实现目标，假定人们不清楚应采取什么行动来实现目标，假定制定与实施战略与一般员工无关
考核目的	以战略为中心，指标体系的设计与运用都为组织战略目标的达成服务	以控制为中心，指标体系的设计与运用来源控制的意图，也是为更有效地控制个人的行为服务

续表

	基于 KPI 的绩效评估体系	一般绩效评估体系
指标产生	在组织内部自上而下对战略目标进行层层分解产生	通常是自下而上根据个人以往的绩效与目标产生
指标来源	基于组织战略目标与竞争要求的各项增值性工作产出	来源于特定的程序，即对过去行为与绩效的修改
指标构成及作用	通过财务与非财务指标相结合，体现关注短期效益。兼顾长期发展的原则，指标本身不仅传达了结果，也传递了产生结果的过程	以财务指标为主，非财务指标为辅。注重对过去绩效的评价，且指导绩效改进的出发点是过去绩效存在的问题，绩效改进行动与战略需要脱钩

二、依据组织结构建立的 KPI 体系

一般而言，设计 KPI 体系一直有两条主线：一条是依据组织结构分解，另一条是依据流程结构分解。

依据组织结构而设计的 KPI 体系，更强调的是把组织目标落实到部门。事实上，这一体系更适合于没有组织目标和战略的公司应用。依据组织结构而设计的 KPI 指标，主要有以下几个步骤：建立 KPI 体系、确定关键活动领域、确定关键成功要素和确定 KPI 指标。

（一）建立 KPI 体系

从企业性质、业务范围、活动开展等方面，可依据职能部门承担的职能职责的不同建立 KPI 体系。表 7-6 是 A 企业各部门承担的职责。

表 7-6　A 企业各部门承担的职责

部门	活动领域	活动要素
市场部	市场份额指标	销售增长率，市场占有率，品牌认知度，销售目标完成率，市场竞争比率
市场部	客户服务指标	投诉处理及时率，客户回访率，客户档案完成率，客户流失率
	经营安全指标	货款回收率，成品周转率，销售费用投入产出比

部门	活动领域	活动要素
生产部	成本指标	生产效率，原材料损耗率，设备利用率，设备生产率
	质量指标	产品一次合格率
	经营安全指标	原材料周转率，在制品周转率
技术部	成本指标	设计损失率
	质量指标	设计错误再发生率，项目及时完成率
	竞争指标	在竞争对手前推出新产品数量及销售额
采购部	成本指标	采购价格指数，原材料库存周转率
	质量指标	采购达成率，供应商一次合格率
人力资源部	经营安全指标	员工流动率，人员需求达成率，培训计划完成率

从表7-6可以看出，根据职能部门所承担的职责，以及对这一职责所做出的响应，各部门要完成的活动非常多，如果直接以这些活动要素作为评价指标，也会使指标非常多，起不到应有的评价效果。因此要确定其关键活动领域。

（二）确定关键活动领域

根据企业战略，寻找使企业实现组织目标或保持市场竞争力所必须关注的关键领域，即要明确企业要获得优秀的业绩所需要的条件和要实现的目标。因此首先要明确三个方面的问题：①企业为什么成功？过去成功靠的是什么？有哪些成功要素？②分析过去的成功要素，哪些能够使企业持续成功？③根据企业战略目标，企业未来追求的目标是什么？未来成功的关键是什么？

在回答上述问题之后，A企业要在以下活动关键领域进行权衡：市场领先、客户服务、利润增长、组织建设、科研开发、技术支持，可以运用鱼骨图进行分析，如图7-5所示。

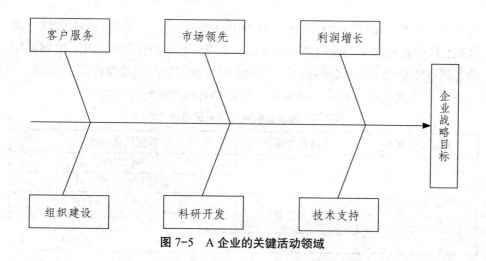

图 7-5　A 企业的关键活动领域

（三）确定关键成功要素

关键活动领域还需要由部门行为及个人行为活动来完成，首先需要明确以下问题：①关键领域包含的主要内容；②保证关键领域成功而主要开展的活动；③保证关键领域成功的措施和方法；④关键领域外展的程度，如科研开发领域，需要研发团队的建设、充足的资金保证、良好的信息来源等，如图 7-6 所示。

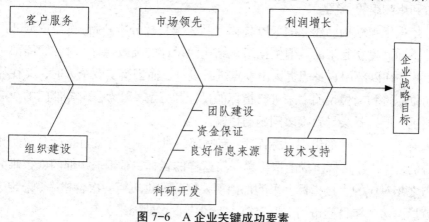

图 7-6　A 企业关键成功要素

（四）确定 KPI 指标

将要素进一步细化，经过甄选，确定 KPI 指标。要求 KPI 指标能够反映关键活动要素实施的程度和力度。KPI 指标的确定有三个要求：①有效性。能客观、集中地反映关键成功要素的实现。②可量化。指标能够量化，能够被评价，尽可能避免主观臆断的指标。③易测量。数据资料较易获得。

以 A 企业的科研开发领域为例，其关键绩效指标见表 7-7。

表 7-7　A 企业科研开发关键指标汇总

关键活动领域	关键成功要素	关键绩效指标
科研开发	团队建设	培训率
		新增科技人员比例
	信息来源	用于信息硬件设备的投入
		资料来源支出
	充足资金	当年科研费用占企业总收入比

在企业一级的 KPI 指标建立后，二级（如部门）和三级（如个人）指标的建立方法基本与一级指标相同，只是对象有所区别。在下一级指标的确定中，要注意部门、个人由于职能不同，员工职责不同，对企业绩效发挥的作用也不同，由此决定了其对关键绩效指标的责任不同，因此在指标分解后，可以根据重点不同，给予不同的权重。正是由于权重的特殊性，应注意：①权重突出了重点目标；②权重体现出引导和价值观；③权重影响评价结果；④权重最终会左右和影响组织氛围。

依据组织结构而建立的 KPI 体系是从公司目标分析开始，然后依据部门责任的不同而建立起来的。但依据组织结构而设计的绩效指标，对各职能部门而言，其往往以部门自身职责为出发点进行设计，而当落实到个人时，又往往依据岗位职责和岗位说明书来进行指标的设计和分解。因为公司各部门的业务各有侧重，所以就会导致很多问题与风险。

对于一个公司的组织目标而言，有些部门对这一目标进行指标分解是相当困难的，如"在目标市场上取得第一"这样的目标，对于采购部门就很难分解为与之相对应的直接指标。采购部门所要提高的供应商一次合格率、采购达到率就显然与"在目标市场上取得第一"没有直接的因果关系。

因为 KPI 指标是从部门责任和个人的岗位说明书的角度对目标进行分解的，那么分解来分解去，就使得指标围绕着业务部门的职责和本职工作，而公司的目标却在这一过程中被稀释了，结果导致公司的组织目标在被各部门分解后，什么指标都成了和组织目标有联系的关键指标，如生产部的设备利用率也和"在目标市场上取得第一"这样的组织目标产生了联系。

下级的指标因为被层层分解，往往会出现"1+1 ≤ 2"的情况，分解后的指标不能更好地驱动部门自动自发完成上级的大目标，甚至达到"1+1=2"也是非常困难的。

因此，从表面上看，依据组织结构而建立的 KPI 体系的确突出了各部门的参与，但实际上存在着组织目标被稀释的风险。

三、依据内部流程建立的 KPI 体系

从前面的论述可知：依据组织结构建立的 KPI 体系，其指标来源是自上而下的职责分解，它的原则是以部门为中心、部门本位至上。这样就出现了很多不对结果负责的弊端。

而依据流程设计的 KPI 体系，其思路是把组织目标落实到了流程，在考虑部门职责时，注重对结果的重视。也就是说，其指标来源不是各部门的先天职责，而是客户，体现的是"下一道工序就是客户"这样的思想。因此它的原则是客户至上，而方向则是从投入到产出。其指标特点在于强调"一切为了下一个流程的客户"这一原则的效果和效率。

可见，根据流程设计的 KPI 体系与依据组织结构设计的 KPI 体系有很大差异。首先，根据流程设计的 KPI 体系需要把公司的组织目标分解为若干具体的策略目标或经营重点，然后让流程各环节对每一项目标或重点进行响应。

流程可以分为三大类：主流程、管理流程、支持流程。那么一旦组织目标被分解成若干关键绩效领域后，业务流程的三大组成就可以按照具体的关键绩效领域提出专业的响应措施。例如，当公司提出的组织目标为"公司成功"时，在这一目标指导下，可以划分出如下业务重点：客户满意、产品开发、市场领先、利润与成长、管理改进与支持等。那么根据这些业务重点，可以继续划分出相应的关键绩效领域。例如，对于市场领先这一业务重点，可以继续划分出相应的关键绩效领域，见表7-8。

表 7-8　关键绩效领域 KPI

公司目标	业务重点	关键绩效领域
公司成功	客户满意	——
	市场领先	销售利润增长
		完善销售网络
		确保重点市场的份额
		提高品牌形象
	……	……

　　根据具体的关键绩效领域,各流程的职责本着"为下一个程序服务,下一个程序是客户"这样的原则,继续分解自己的关键绩效领域。

　　某一关键绩效领域通过公司内部流程来完成,因此,对某一具体的关键绩效领域,各业务流向通过输入和输出就可以较为清晰地给予响应,从而进行指标分解,形成 KPI 指标体系。

　　由此可见,流程式的绩效体系与结构式的指标体系相比,其不是依据组织责任而分解指标,而是以客户为主体,根据业务流向的输入和输出确定和分解 KPI。可见,把组织目标落实到流程上而产生的 KPI 体系,突出了组织目标实现中的流程责任。按流程去设定和分解指标,可以适应客户至上导向,可以清除部门间的壁垒,可以加快响应客户的速度,这些都是依据流程而设计的 KPI 体系的优点。

　　但是,依据流程而设计的 KPI 体系更多的是以结果为导向的指标,缺乏依据组织结构所建立的 KPI 体系中所充分体现的以"驱动性指标"(如工作态度、责任心、协调能力)对绩效过程的描述。

　　此外,因为过分强调流程目标和结果导向,所以依据流程设计的绩效体系往往使得各组织、各岗位的职责、评价结果因为集体责任而未能拉开差距。例如,销售部门的员工没有按要求达到预期的销售额,但他们却说销售没有增长是因为研发部的产品设计没跟上,责任在研发部,因为考核是根据流程而设计的体系,所以研发部也确实脱不开干系;但研发部也可以认为是根据市场部提供的市场信息不准确而导致的设计失败，这样双方都周而复始地推卸责任，具体的责任关系就很难厘清，既不利于找到工作中的问题，也无法提高业绩。

四、KPI 体系的优点和不足

KPI 是企业绩效管理的基础，建立明确的、切实可行的 KPI 指标体系是做好绩效管理的关键，它是绩效管理的基础性依据，提供评价的方向、数据及事实依据。

使用 KPI 考核方法有利于明确目标，有利于组织战略目标的实现。通过关键指标的整合和控制，组织目标有利于保证总目标的实现，有利于组织目标与个人目标达成一致。通过总目标策略性的分解，组织目标成为个人绩效目标，使员工努力实现个人目标的同时，实现组织总体目标。

通过 KPI 有助于将目标量化，将指标集中在最关键的活动中；有利于明确重点目标，有的放矢。但在使用 KPI 时，也应注意它的局限性：①目标本身具有消极的一面，因此，必须对 KPI 做经常性回顾。②其倾向于目标的量化，如果没有专业化的工具、手段和专业人才，将是一个难题。③易使考核者陷入机械的考核方法中。其对量化指标的崇拜和依赖，会忽略考核中人为因素和弹性因素，陷入机械的陷阱。④形成组织关键绩效指标是一个长期反复的过程，对组织的"实施能力"和"耐心"都是一个考验。

第四节　平衡计分卡

一、平衡计分卡概述

1992 年，哈佛商学院教授罗伯特·卡普兰和复兴全球战略集团总裁大卫·诺顿在《哈佛商业评论》发表的《平衡计分卡：业绩衡量与驱动的新方法》中，提出了平衡计分卡这一新的绩效评价体系，并对其进行了全面理论性阐述。在第二年他们又发表了《平衡计分卡的实际应用》，介绍了多家公司成功实施平衡计分卡的案例。1996年，关于平衡计分卡的第一本专著《平衡计分卡：化战略为行动》出版，标志着平衡计分卡理论的成熟，将平衡计分卡从一个业绩衡量工具转变为战略实施工具。在此后二十多年的时间里，平衡计分卡在理论方面有了极大的发展，在实践领域也得到越来越多公司的认可。平衡计分卡帮助企业将绩效评价和企业战略联系起来。

（一）产生背景

自20世纪80年代以来，企业内部经营条件和外部经营环境都发生着巨大的变化。为应对这些环境变化，企业财务体系不断扩大，把与股东价值相关的财务测量方法也包括进来，产生了基于价值和经济附加值的管理模式。然而，即使最好的财务体系也无法涵盖绩效的全部动态特点。很多企业认识到了仅仅依靠财务数字进行管理的局限性。

传统的单一财务评价指标偏重有形资产的评估和管理，对无形资产和智力资产的评估与管理显得无力。信息时代提高了无形资产管理对企业未来价值创造的地位与作用，因而对企业经营绩效的反映，不仅体现在有形资产的管理及其管理的财务结果方面，还应体现在企业无形资产的管理等多方面内容上。例如，发展与客户的关系，维系现有的客户对企业的忠诚，并使新客户和新市场获得高效的服务；以低成本和高质量提供定做的优质产品，提供因人而异的优质服务；对市场反应灵敏，及时设计出新型产品，以满足特定客户群体的愿望；提高员工在工作中的积极性和对企业的满意度等。而利用原有的单一财务考核模式，对这些内容无法科学地进行评估。其从某种程度上，反映了传统的考核模式无法适应飞速变化的商业环境、日益激烈的竞争和与日俱增的客户期望。

传统财务评价模式适合以投资促成长的工业时代，而不能有效地满足信息时代的新需求。工业化时代，由于输出的一致化和转化过程的标准化，加大投资便可提高公司能力、改善客户关系。信息时代则不然，输出的个性化导致转化过程多样化。因此，需要多方面的支持，如提高员工适应非固定程序的能力、供应商的支持、柔性制造工艺、新技术的采用、对不断革新的热情等，才能提高公司的绩效。

　　由于单一的财务评价模式的局限性，越来越多的企业希望结合财务指标与非财务指标进行经营绩效评价。西方理论学者开始重视研究企业多元绩效评价指标，平衡计分卡随之产生。

　　平衡计分卡方法突破了将财务数据作为唯一衡量业绩的工具的弊端，做到多个方面的平衡，体现出了通过对客户、供货商、员工及技术革新等方面的投资来创造新价值的理念。它从四个不同的视角考察战略目标。

　　1. 财务视角

　　财务性指标是大多数企业用于绩效评估的传统指标，它可以反映企业的战略及其实施是否正在为最终经营结果（如利润）的改善做出贡献。在平衡计分卡中财务类指标的目标需要回答"股东如何看待我们？"这类问题，从股东角度看企业增长、利润率及风险战略，促使企业管理者看清他们的努力是否对企业的经济收益产生积极的作用。

　　2. 客户视角

　　企业应以目标客户和目标市场为导向，专注于满足核心客户需求。客户视角的指标反映的是客户的价值主张，其目标是解决"客户如何看待我们？"这类问题。通过客户的视角来看企业，从时间（交货周期）、质量、服务和成本几个方面关注市场份额以及客户的需求和满意程度。

　　3. 内部业务流程视角

　　内部业务流程使各种业务流程满足客户和股东需求，其目标是解决"我们擅长什么？"这类问题，报告企业内部效率，关注能使企业整体绩效更好的过程、决策和行动，特别是对客户满意度有重要影响的过程。

　　4. 学习和成长视角

　　其目标是解决"我们是在进步吗？"这一类问题，通过优先创造一种支持公司变化、革新和成长的氛围，将注意力引向企业未来成功的基础，涉及员工问题、知识资产、市场创新和技能发展等方面，以保证未来企业价值的增加。

　　平衡计分卡就是要做到上述四个方面的平衡，而不是单纯依赖某一个方面进行考核。它的各项测量指标并不是孤立地存在，而是与一组目标相联系，这些目标自身又相互关联并最终都以直接或间接的形式与财务结果相关联，如图7-7所示。

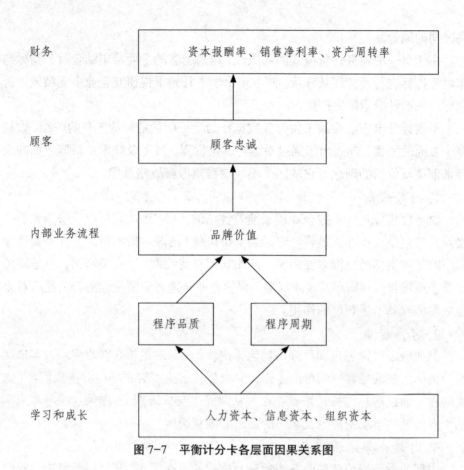

图 7-7　平衡计分卡各层面因果关系图

（二）平衡计分卡的特点

平衡计分卡是一个管理体系，而不仅仅是一个考核体系。它把企业测评与企业战略联系起来，清楚地将企业目标展示给管理者，通过使用大量的超前和滞后指标来评价企业是否向其战略目标的方向前进，使管理者注意对未来产生影响的活动，是企业战略执行的基础架构，并落实为具体的行动计划，增强有利于企业成功的因素对财务结果的推动作用。特别是超前指标的运用，对于可能引起的财务状况下降的当前活动给出提示。

平衡计分卡是一种沟通工具，注重团队合作，以全面提高整体管理效率为目的。它所涉及的四项内容，都是企业未来发展成功的关键领域。通过平衡计分卡所提供的管理报告，员工能够明白他们的表现会如何影响企业，管理者也可了解影响企业进步的日常因素，从而帮助企业作为一个整体从管理集团到一线员工对外界变化做出更快的响应。平衡计分卡将看似不相关的领域有机地结合在一起，阐明企业战略，帮助企业、部门、个人之间建立一致的目标系统，将企业资源加以整合，为实现一个共同的战略目标而努力。其能够帮助企业有效地建立跨部门团队，促进合作的顺利进行。

平衡计分卡强调因果关系。它不是指标的简单组合，更不是主观臆断的结果，而是根据组织战略和愿景，由一系列因果链条贯穿起来的有机整体。例如，财务指标实现的基础是目标客户的满意，客户价值主张由内部流程创造并传递，描述了如何创造目标客户的满意度和忠诚度。支持内部流程的无形资产为战略的有效执行提供保证基础，它由学习和成长层面支撑。

平衡计分卡强调"平衡"的理念。它体现出了财务指标与非财务指标、长期目标与短期目标、外部群体与内部群体、结果与过程之间的平衡，还做到了领先指标（学习成长、内部流程、客户类指标）与滞后指标（财务指标）之间的平衡。

二、平衡计分卡的建立

（一）战略研讨，绘制战略地图

建立平衡计分卡的第一个步骤是开展战略研讨。在该步骤公司的高层管理者应与平衡计分卡推进小组共同召开制定公司战略的研讨会，确定公司的使命、价值观、愿景及战略目标，讨论战略实现的关键流程，绘制出战略地图。战略地图不仅仅是一张图，它还包括与战略地图周期相对应的 3 ～ 5 年平衡计分卡（又可称战略地图解释表）、单项战略行动计划表。

（二）构建公司平衡计分卡

在公司层面，战略目标的转化及流程指标被称为公司 KPI 指标体系。公司 KPI 指标体系实际上包含两种类型的指标：一是考核指标，二是分解指标。所谓的考核指标是指考核整个公司经营绩效水平的重要指标，它的直接责任人是公司的总经理；分解指标则是不考核整个公司，而是分解到副总、总监及部门层面甚至员工层面的指标。

选择公司的考核指标应当尽量是战略地图中的滞后／结果性的指标。公司考核指标制定出来后，要对这些指标进行审查，以剔除一些数据获取成本较高、难以衡量的指标；指标确定后，要根据公司经营预算等计划确认各指标的标准；随后组织各个职能领域的负责人（分管副总及部门经理）收集公司经营计划，并将这些计划与预算资金的分配结合起来，并最终选择部分计划落实到公司层面的平衡计分卡上，从而得到一个完整的公司层面的平衡计分卡。当然，还需要把其他高管人员的个人平衡计分卡也纳入公司层面，设计出副总经理或总监的计分卡与绩效计划，它的指标来自公司指标体系的分解。

（三）构建部门平衡计分卡

在完成上一个步骤的工作后，就可以对公司的 KPI 指标体系进行分解，在分解的过程中要注意根据各个部门的职能对分解的指标进行修正和补充，并兼顾其与部门分管上级的指标关联度。得到部门的 KPI 指标体系后，根据部门策略的重点选择考核指标与分解指标。有必要的话还可以绘制出部门策略规划图，它能比较直观地反映部门策略的重点。对部门的考核指标要进行检验，剔除一些不符合实际情况的指标。同时还要让分管领导和部门经理共同确认部门的考核指标并对这些指标进行解释。考核指标确认后，就可以根据全面预算，为每个考核指标确定指标值。

（四）构建个人平衡计分卡

构建个人平衡计分卡的前提是职位梳理，明晰岗位的职责并建立任职资格体系。岗位职责是设定个人绩效指标的依据，而任职资格体系则是确定个人学习发展计划的重要前提条件。

具体过程如下：①将部门 KPI 指标体系在部门内部各岗位之间进行分解，并结合岗位职责进行补充、修正以选择各考核指标；②在完成对上述指标的审核后，还需要对各个指标进行解释；③在获得岗位的 KPI 指标后，组织个人平衡计分卡的填写工作，并指导各级主管与员工编制学习发展计划。

三、平衡计分卡的实施条件

（一）高层管理者的充分参与和支持

平衡计分卡作为一种战略工具，单靠人力资源部门的力量是无法有效实施的。因此，需要高层管理者的充分参与和支持，并成立一个包括公司领导和重要部门经理在内的平衡计分卡实施小组。企业高层领导必须认识到，实施平衡计分卡可以提高企业战略管理的自觉意识，建立固定的战略流程，从而增强企业战略管理能力。这对于增加企业核心竞争力有巨大的作用。

（二）较完整的基础数据系统

平衡计分卡对企业管理水平要求较高，企业管理要达到程序化、规范化、精细化的程度。当平衡计分卡体系中出现了未预料到的信号时，管理人员应能够通过管理系统，找出问题的根源所在。由于目前国内很多企业 IT 系统比较薄弱，没有实施企业资源计划（ERP）、人力资源信息系统（HRIS）等管理系统。即使实施了此类系统的公司，也很可能因为使用的不是同一家公司的产品或管理系统之间的数据库不能互通，导致在实施平衡计分卡时出现许多问题。

对许多企业而言，导入平衡计分卡的主要困难突出表现在财务数据以外的三个方面。例如，某企业的平衡计分卡中明确了内部流程方面的关键成功因素，包括建立快速服务信息、经销商品质、完整的订单等。对此，在平衡计分卡中需要将其转化为目标衡量指标、目标值、行动计划。以完整的订单为例，其目标就可以包括完成订单的速度、完成订单的准确性、完成订单的成本等。接着，就要确定衡量指标如完成订单时间、完成订单出错率、降低单个订单的成本等。在此基础上，根据决策层目标和行业最佳实践确定相应的目标值，如在未来半年中，将订单完成时间缩短为 3 周，订单出错率降到 2% 以下，单个订单的成本降为 30 元。可见，这里需要很多数据，包括企业目前完成订单的时间、出错率及成本记录、完成订单的各环节所费时间、成本及有关出错记录、同行业的这些数据记录等。这些数据中有些是企业目前的信息系统中所没有的。因此，企业在引入平衡计分卡时必须十分重视内部业务信息系统建设，否则平衡计分卡就会成为空中楼阁。

综上所述，那些关注平衡计分卡但内部数据基础很薄弱的企业，在着手建立企业的平衡计分卡时，就必须同时考虑相关的数据采集，明确企业目前在这方面的"瓶颈"和改善措施。这样才不会导致平衡计分卡引入后缺乏数据来源、发挥不了应有的决策指引和执行指导作用。将平衡计分卡落实到每一个员工身上时，需要不断完善包括各类管理软件在内的数据采集系统。同时，企业在初期可能需要容忍平衡计分卡实施中的某些不够完美之处，在建立和完善平衡计分卡的过程中，不断完善数据系统，加以持续改善，树立正确的认识。

（三）畅通的沟通

平衡计分卡推崇的是良好的参与气氛和畅通的沟通渠道，否则平衡计分卡所倚重的四个层面的各个关键成功因素及其背后的驱动因素很难被识别出来，更需要在企业内部进行广泛沟通。平衡计分卡是一个战略管理和执行的工具，这意味着企业在引入平衡计分卡时必须结合现状，如果企业目前的方向在于获取短期目标，如扩大市场份额、迅速降低成本等，则不适合引入平衡计分卡。

四、平衡计分卡的优缺点

（一）平衡计分卡的优点

1. 以公司竞争战略为出发点

平衡计分卡是一个基于战略的绩效考核系统，它使整个组织行动一致，服务于战略目标，能有效地将组织的战略转化为组织各层面的绩效指标和行动，有助于增强公司竞争力，对公司明确工作重点、全面提高管理水平、扩大竞争优势意义重大。

2. 全面动态评估

平衡计分卡通过多个方面的平衡，全面、动态地评估企业、部门、个人绩效，快速响应瞬息万变的市场，逐步实现战略发展和取得长远竞争优势的目的。

3. 有效优化工作行为

平衡计分卡有助于各级员工对组织目标和战略的沟通和理解，使管理人员把所有的重要指标放在一个系统中考虑，并将注意力集中于由当前和未来绩效的关键指标构成的一个清单上，克服财务评估方法的短期行为，避免某一方面的改进以牺牲另一方面的效率为代价，实现其有效优化工作行为的目的。

4. 提出具体的改进目标

平衡计分卡提出了企业、部门和个人的具体改进目标和改进时限，利于组织和员工的学习成长和核心能力的培养，避免一些取得高绩效的员工不再继续努力改进自身工作，因此是考核激励和控制系统的完美结合，有利于实现组织的长远发展。

（二）平衡计分卡的缺点

1. 指标确定困难

平衡计分卡要求企业管理者专注于战略中的因果关系，从而将战略与其衡量指标有机结合起来。尽管管理者通常明白客户满意度、员工满意度与财务表现之间的内在联系，但结果与驱动因素间的关系并不明显或并不容易量化。此外，还有一个重要困难是：有一些条目很难解释清楚或者衡量出来，财务指标当然不是问题，但非财务指标往往很难建立，有些指标也不易收集，而有些指标需要企业在不断探索中总结，需要收集大量信息，经过充分加工后才有实用价值，这对企业信息传递和反馈系统提出了很高的要求，而信息沟通渠道的缺乏和沟通意识的薄弱是许多企业共同存在的问题。当组织战略或结构发生变更时，平衡计分卡也需要随之调整，需要耗费大量的时间和资源。

2. 执行难，时间长，实施成本高

平衡计分卡从财务、客户、内部经营、学习和成长四个方面考虑战略目标的实施，并为每个方面制定详细而明确的指标，企业为此需要支付高额成本。一份典型的平衡计分卡需要 5～6 个月去执行，此外再需要几个月去调整结构，使其规则化，从而平衡计分卡总的开发时间经常需要一年或者更长的时间。

3. 难以量化

衡量指标可能难以量化，而衡量方法又会产生太多的衡量指标，两者互为因果。

第五节　经济增加值

一、EVA 概述

20 世纪 90 年代，经济增加值（economic value added，EVA）一词引起了国内外经济、管理学界和实务界的广泛关注，被《财富》杂志誉为"当今最为炙手可热的财务理念……是创造财富的真正关键所在"。EVA 已经被实务界认识和认同，并作为一种新的公司治理和业绩评估标准，在全球范围内推广应用。目前，全球许多著名企业应用了这一管理体系，并取得了较好的效果。

EVA 是指一定时期的企业税后净利润与投入资本的资金成本的差额，用于衡量企业价值的增加量。它实际上反映的是企业在一定时期内的经济学利润，而非会计收益。在计算 EVA 的过程中是以现有的会计数据为基础，但对涉及的相关的利润表项目和资产负债表项目进行一定的调整，以使得调整后的项目更加能体现属于投资者的营业利润以及企业投入资本的实质。EVA 的基本理念是，企业的资本获利只有在超过债务资本和权益资本的全部资本投入资本之和后，才是企业真正为投资者创造的价值。这就使得企业股东投入的资本收益得到了真正的体现。可以用公式表示为：

EVA= 税后净营业利润 – 资本成本 = 税后净营业利润 – 资本占用 × 加权平均资本成本率

其与大多数其他绩效度量指标的不同之处在于：与传统忽略股东投资报酬不同，EVA 不仅考虑了债权资本成本，还考虑了权益资本成本，考虑了所有投入资本的风险报酬，这样更能反映企业的真实的经济利润，更能体现股东财富的增减情况。因此在 EVA 大于零时，表示当年的经济利润超过了股东要求的投资回报；如果 EVA 小于零，即使当年企业获得了利润，但站在投资者的角度上，经济利润没有满足股东要求的投资回报。

从 EVA 的计算公式中可以看出，影响 EVA 的三个因素是税后净营业利润、全部资本投入以及加权资本成本。因此可以通过以下途径提升 EVA：①改善运营绩效，通过提高现有业务的利润率或资本周转率，提高资本回报水平。②从所有者的角度思考，以价值管理为核心，优化资本结构，降低资本成本，谨慎利用资本，注重长期发展，提高资本收益。③注重资产经营，提高资产使用效能，降低无效资本占用率，使现有资产产生最大价值，处置损害企业价值的无效资产。

二、基于 EVA 的经理人绩效考核方式

（一）直接以 EVA 为考核指标

直接以 EVA 为考核指标，经理人的薪酬计算方式为：

$St=a+b \times EVA$

式中：a，b 为系数。

在这一激励方式下，为了获得更多的薪酬，经理人就必须获得更多 EVA。方法有以下几种：①在不增加资金占用的条件下，提升利润水平。②对 EVA 为负的投资项目进行清理。③投资 EVA 大于零的新项目。④通过资本结构调整等财务手段降低加权资本成本率。

（二）以实际 EVA 减预计 EVA 为考核指标

在这种考核指标下，经理人的薪酬由两部分构成：一部分是固定值 a，另一部分是实际 EVA 超过预计 EVA 的固定比例 b。这样，经理人的薪酬变动始终与实际 EVA 超过预计 EVA 的数额保持固定比例。

经理人要保证自己获得更多的薪酬，就要创造更多的价值，尽可能使每期的实际 EVA 超过预计 EVA。经理人可以通过以下方法保证自己薪酬的最大化：①提升实际 EVA 超预计 EVA 项目的 EVA 水平，或者将实际 EVA 低于预计 EVA 项目的 EVA 提升到预计基准之上。②对实际 EVA 无法提升到预计 EVA 之上的项目进行清理。③投资 EVA 大于零的新项目。④降低加权资本成本率。

（三）两种模式的比较

对于两种基于 EVA 的经理人考核模式孰优孰劣，目前尚有争议。一般认为，虽然这两种模式都能促使经理人重视 EVA 的提升，但考虑到考核过程的复杂性，第二种模式更好一些。其主要理由如下：

1. 直接以 EVA 为考核指标不利于前任经理和新任经理的责任界定

考虑 EVA 考核时可能面临的"责任转移"问题：某经理人选择了错误的投资项目后离任，该投资项目产生负的 EVA 却让下一任经理负担。但如果采用实际 EVA 减预计 EVA 的考核形式，为低效投资项目设置的 EVA 基准可以是负值，这样就会在 EVA 基准确定时将可能的"责任转移"问题消除。

2. 直接以 EVA 为考核指标会在经理人之间造成不同的"比赛起点"

企业所处的市场环境是不同的，处于"顺势"市场环境的企业可以很容易获得较高的 EVA，而处于"逆势"市场环境的企业费尽心机制定的 EVA 也未必尽如人意。直接以 EVA 考核，实际上是将不同的经理人放在不同的"比赛起点"上，无法显现经理人的真实贡献。采用实际 EVA 超预计 EVA 的考核形式，可以根据企业的不同情况设置不同的 EVA 基准，把经理人放在同一考核的起跑线上。

3. 直接以 EVA 为考核指标可能造成股东与经理人利益不一致

EVA 为正值并不一定能代表价值创造，而 EVA 为负值也未必说明价值毁损。当经理未因为获得正的 EVA 而受到奖励时，股东价值可能已经发生减值；反之，在经理人为股东创造了价值的背景下，经理人的薪酬也有可能在减少。EVA 体系的本意是形成一种股东和经理人利益和风险共担的机制、培养经理和股东共同分享剩余价值的意识，而直接将 EVA 作为考核指标的结果和这种本意相违背。以"实际 EVA 减预计 EVA"作为考核指标，经理人薪酬的增加/减少应和股东价值增加/减少相一致。

参考文献

[1] 成志花, 刘玉琴, 王颖. 人力资源建设和统计管理 [M]. 长春: 吉林科学技术出版社, 2022.

[2] 范围, 白永亮, 陈冠君, 等. 人力资源服务业管理理论与实务 [M]. 北京: 北京首都经济贸易大学出版社, 2022.

[3] 冯涛. 企业薪酬设计管理实务 [M]. 北京: 中国铁道出版社, 2020.

[4] 何立. 人力资源管理从入门到精通系列: 培训管理实操·全程实战指导手册 [M]. 北京: 化学工业出版社, 2022.

[5] 靳豆豆, 王军旗, 蒋杨鸽. 多维视角下人力资源管理模式研究 [M]. 长春: 吉林出版集团股份有限公司, 2022.

[6] 李燕萍, 李锡元主编. 人力资源管理 [M].3 版. 武汉: 武汉大学出版社, 2020.

[7] 刘洪波. 人力资源数字化转型: 策略、方法、实践 [M]. 北京: 清华大学出版社, 2022.

[8] 刘杰.HJ 公司薪酬管理体系优化研究 [D]. 内蒙古: 内蒙古大学, 2022.

[9] 孙宝连. 企业人力资源开发与管理研究 [M]. 北京: 北京工业大学出版社, 2018.

[10] 孙荣高. 绩效考核与薪酬设计实操 [M]. 广州: 广东经济出版社, 2022.

[11] 王凌峰. 薪酬管理理论与实务 [M]. 成都: 西南交通大学出版社, 2021.

[12] 王凌峰. 薪酬管理 [M]. 武汉: 武汉理工大学出版社, 2019.

[13] 王铮, 杨夏薇, 潘元. 人力资源开发与薪酬绩效管理研究 [M]. 北京: 中国纺织出版社, 2021.

[14] 项路云.NX 公司薪酬管理优化研究 [D]. 济南: 山东财经大学, 2022.

[15] 严肃. 人力资源管理最常用的 83 个工具 [M]. 北京: 中国纺织出版社, 2022.

[16] 杨娟, 曹川. 薪酬管理实操: 全程实战指导手册 [M]. 北京: 化学工业出版社, 2022.

[17] 姚凯. 企业薪酬系统设计与制定 [M]. 成都: 四川人民出版社, 2021.

[18] 张艳华. 薪酬管理 基本原理与实务 [M]. 上海: 复旦大学出版社, 2022.

[19] 张燕娣. 人力资源培训与开发 [M]. 上海: 复旦大学出版社, 2022.

[20] 张志英, 杨爱喜. 一本书读懂薪酬管理 [M]. 北京: 中国经济出版社, 2021.